アジア・オセアニアにおける災害・経営リスクのマネジメント

上田和勇 編著

専修大学商学研究所叢書 16

東京　白桃書房　神田

序　文

商学研究所叢書刊行にあたって

　「商学研究所叢書」第16巻にあたる本書は，アジア・オセアニアにおける自然災害のリスク・マネジメントについてまとめたものである。

　周知の通り，日本は自然災害の多い国である。2011年3月の東日本大震災は記憶に新しいが，本書の執筆期間であった2016年4月には熊本地震が発生し，多くの被害がもたらされた。その間にも，大小の地震や水害などが発生しており，人命や地域生活・産業などに様々な被害がもたらされた。

　日本列島のみならず，フィリピン諸島，スンダ列島，ニュージーランド列島などは，環太平洋火山帯（Ring of Fire）に属しており，地震の多発地帯となっている。こうした地域に属する国々は，地震や津波，火山噴火だけでなく，台風などによる水害にもさらされていることから，防災対策とともに災害からの復元力（復興）の強化も図られている。

　こうした現状を鑑みて，本書では，アジア・オセアニア地域における自然災害のリスク・マネジメントについて，防災政策と支援，企業や個人の復元力（レジリエンス），リスク・リテラシー（災害教育・安全教育），リスク・コミュニケーションなど，多様な視点から研究がなされている。

　3年間に及ぶプロジェクト・メンバーの研究成果が，自然災害のリスク・マネジメントに関心をもつ多くの方々の知的刺激となるとともに，実践的な指針にもなることを切に願っている。

　末尾になるが，本プロジェクト・チームのメンバー各位に敬意を表するとともに，同チームの活動にご支援・ご協力を頂いた関係諸氏には心から御礼を申し上げたい。

2017年3月
専修大学商学研究所所長　　神原　理

序

　本書『アジア・オセアニアにおける災害・経営リスクのマネジメント』は，平成24（2012）年度から平成27（2015）年度の3年間に及ぶ専修大学商学研究所プロジェクトの研究成果の一部である。このプロジェクトは，以下の3つの事柄について検討することを主な目的としてスタートした。①世界でもリスクによる損失が大きいエリアであるアジア・オセアニア地域（ベトナム，タイ，韓国，オーストラリア他）におけるRM活動に影響を及ぼす内外の要因を調査・分析する②各国におけるリスク教育の現状や課題についての分析③リスクに対する企業やコミュニティの復元力や持続的成長のための方策等をリスク・マネジメントの視点から提言すること，の3点である。

　海外訪問調査（タイ・バンコク，オーストラリア・ケアンズ，韓国・プサン，ロシア・ウラジオストック），公開研究会，合同合宿，公開シンポジウムなどの諸活動により，上記プロジェクト目的に沿った研究活動が行われた。各メンバー間の専門領域を超えて，アジア・オセアニアにおける災害・経営リスクのマネジメント問題について，自由闊達な議論が展開でき，有意義なプロジェクト活動を実施することができ，これも参加メンバーのご協力は勿論のこと，こういう機会を提供していただいた専修大学商学研究所のご協力のお陰であり，この場を借りて編者としてお礼を申し上げたい。

　本書には6本の論文が掲載されている。以下，各論文のポイントを述べるとともに，本書の特徴を述べてみよう。

　第1章「災害リスクと経営リスクに対するレジリエンス」は災害及び経営リスクや危機に直面した時に，リスクから逃げず，状況を把握し，乗り越えてきた人や企業にまず焦点を当て，そこに見る共通の要素を探り，それらをこれからの人生の満足度や精神的成長，そして企業生活，企業経営の在り方に関する指針として役立てていくための思考方法や方策を具体的に検討している。災害及び経営リスクや危機による経済的及び心理的損失の回復にはハードな面によるリスク軽減とリスク・ファイナンスによるリスク回避あるいは軽減があるが，第1章で強調されているのは，レジリエンス（企業や個人の復元力）概念の導入により，経済的及び心理的損失の早期復元を事例とともに検討している。

第2章「タイ大洪水と事業継続計画」では，GDP対比では損害額が東日本大震災の4倍以上であったタイ大洪水を中心に，企業の事業継続計画（Business Continuity Management：BCP）について，タイ，インドネシア，そしてASEANのBCPさらには日本やオーストラリア，ニュージーランドなどのBCPに現状と課題などについて検討している。

第3章「タイの防災政策の課題と日本の国際協力－2011年のタイの大洪水を事例に－」は，以下の3つの点を検討している。すなわち，①2011年に起こったタイの大洪水の発生原因について明らかにすること，②大洪水発生時のタイ政府の対応から明らかになったタイの防災政策の課題と改善策について検討すること，③現地でのインタビュー調査も踏まえ，大洪水を契機とした日本とタイの相互支援事業にもとづく日本の役割について若干の問題提起をすることである。特に③の点については，日本の役割として，地球環境問題や防災・減災にも対応できるような技術協力を行い，さらに，防災教育を含め，社会の成熟化に向けた様々な制度基盤をつくるための地道な支援をするなかで，お互いがパートナーシップを築き，双方が発展できるような連携・協力体制を築くことの必要性などが指摘されている。

第4章「自然災害リスクに対するリスク・ファイナンス－アジア太平洋地域の新興国における現状と課題―」は，自然災害リスクにさらされているアジア太平洋地域の中でも，特にリスク対応力が不十分であろうタイ，フィリピンを中心に，新興諸国における保険を中心としたリスク・ファイナンスの現状と課題について検討している。

第5章「海外における自然災害リスクのマネジメント－韓国の実態分析から見た事前対策システムの重要性－」では，一般市民も含め，日本のように地震リスクの対応が真剣に考慮されていない傾向がある韓国であったが，2016年9月，韓国南東部の慶州（キョンジュ）市にマグニチュード5.8の大きな地震が発生した点を指摘し，今後，大きな地震が起きる可能性も考えられるため，以下の諸点での対応の重要性を指摘している。①韓国における自然災害リスクの現状と課題，②韓国におけるリスク・コミュニケーションの問題点，特にその体制面の問題，③自然災害リスク・マネジメントの体制の見直し，④自然災害リスクに対する初期対応の準備，特にソフト面及びレジリエンス面での重要性を指摘している。

第6章「ロシアにおける環境リスクの現状と対応―安全教育を中心に―」では，ロシアにおける環境リスクの現状と対応問題を，リスク教育，世界にかかわる自然災害リスクという視点から以下の各側面から検討している。すなわち，①ロシアにおける近年の災害リスクの特徴とその事例，②自然災害リスクのマネジメントの視点から，ロシアにおける環境リスク・マネジメントの現状とそのメカニズム，③ソフト・コントロール策の一つとして，ロシアにおける安全教育の概要と課題についての検討である。

　以上の6つの章のポイントの説明からわかるように，本書『アジア・オセアニアにおける災害・経営リスクのマネジメント』では，世界で最も自然災害リスクによる損失が大きいアジア・オセアニア地域の自然災害リスク・マネジメント問題を，企業の復元力思考を醸成する視点や方策から，BCPを中心とする企業経営との関連から，この地域での日本の支援の在り方，災害教育の面から，災害リスク・コミュニケーションの問題，そして安全教育の面など多様な視点から検討している。

　災害リスクは一国や一地域だけの問題にとどまらず複数国及び地球全体の問題でもある。したがって災害リスク・マネジメントは個人レベル，企業，地域，国が相互に連動して効果的に行う必要がある。そのためにはリスクにより影響を受ける消費者，コミュニティ，企業家，政策立案者などの，いわば国民全体のリスク・リテラシーの底上げが一方で必須である。リスク・リテラシーの底上げには学校，大学における効果的なリスク教育が避けられない。効果的で早期のリスク教育の在り方が企業やコミュニティのリスクに対する脆弱性の克服，そして持続性や復元力の向上に結びつくのではないかといえる。アジア・オセアニアの関係諸国及び関係諸氏にとり，本書が効果的な災害リスク・マネジメントを考え，実行する際の一助になれば幸いである。

　末尾になるが，参加の研究メンバー諸氏，専修大学商学研究所，そして白桃書房の大矢栄一郎氏のご協力に対し，改めて謝意を申し述べるものである。

2017年2月
編著者　上田和勇

目次

序文……i

序……iii

第1章　災害リスクと経営リスクに対するレジリエンス

1　はじめに……1
2　リスク・マネジメントにおけるレジリエンス思考の重要性……3
3　レジリエンスと企業経営の本質……12
4　ビジネス・レジリエンスを生む理論……16
5　事例研究に見るビジネス・レジリエンスの根源的要因……21
6　レジリエンス思考のマネジメント・プロセスとチェック・ポイント―結び……31

第2章　タイ大洪水と事業継続計画

1　はじめに……41
2　タイ大洪水……43
3　事業継続計画……49
4　タイ大洪水とBCP……56
5　結びにかえて……64

第3章　タイの防災政策の課題と日本の国際協力
　　　　―2011年のタイの大洪水を事例に―

1　はじめに……………………………………………………70
2　被災地における災害リスク削減とは何か………………71
3　タイの大洪水とその被害拡大の要因……………………75
4　タイ政府の災害対応から明らかになった
　　防災政策の課題…………………………………………79
5　タイの大洪水を契機とした日本とタイの相互支援体制……87
6　おわりに……………………………………………………93

第4章　自然災害リスクに対する
　　　　　　　　　　リスク・ファイナンス
　　　　―アジア太平洋地域の新興国における現状と課題―

1　はじめに……………………………………………………97
2　タイ―政府の関与―………………………………………98
3　フィリピン―NGO主導での
　　マイクロインシュアランス―……………………………103
4　太平洋島嶼国―日本政府と世界銀行の関与―…………110
5　アジア太平洋新興国での自然災害リスクに対する
　　リスク・ファイナンスの課題……………………………116

第5章 海外における自然災害リスクのマネジメント
―韓国の実態分析から見た事前対策システムの重要性―

1 はじめに……………………………………………………125
2 韓国における自然災害リスクの現状と課題……………126
3 自然災害リスクのマネジメントの体制…………………130
4 おわりに……………………………………………………133

第6章 ロシアにおける環境リスクの現状と対応
―安全教育を中心に―

1 はじめに……………………………………………………137
2 近年におけるロシアの災害リスクの特徴と事例………138
3 ロシアの災害リスクに対する安全対策…………………153
4 自然災害リスク・マネジメントにおける
  ソフト・コントロールの重要性…………………………157
5 ロシアにおける安全教育の概要と課題…………………161
6 結び…………………………………………………………166

第1章 災害リスクと経営リスクに対するレジリエンス

1 はじめに

1-1 問題意識

　どんな個人，組織そして企業も長い人生や会社生活において，間違いなく何度か困難な局面に直面する。企業の場合，創業した会社で10年以上存続する会社は全体の約6％というデータ，つまり，94％の会社が創業後，10年以内に消えているデータが企業の短命さを示している。

　倒産とまではいかなくても，後継者がいないことなどにより「廃業」をする中小企業の数は，2015年で2万6,699社である。1日当たり73社が廃業している。さらに2015年の倒産企業と廃業企業の数は合わせて3万5,511社であり，1日当たり約97社が倒産・廃業に至っている。こうしたことが起きるたびに，経営者，社員，多くの利害関係者が多大な犠牲を被らなければならない。

　企業や組織の疲弊や破綻が，経営者，社員，その家族等に多大な経済的，精神的ダメージを与えることはいうまでもない。社員は1人の人間であり，また家族の構成員であり，会社の構成員でもある。個人，家族，企業間の様々な問題が我慢の限界に達した時，個人も企業も極めて大きなリスクを顕在化させる。こうしたことに直面する事態を逆境といってもいいし，危機に直面したといってもいい。

　企業や個人が逆境・危機に直面した時に，ポキンと折れてしまい，無為に身を任せ，時の流れのままに人生を終えてしまうのか，それとも，勇気を振り絞ってリスクを直視し，自分にある夢や希望を見失うことなく，状況打破，危機突破のために最善を尽くすのかにより，その後の人生の幸福度や企業行動への

利害関係者からの評価は明らかに異なったものになる。

　もちろん，個人が逆境に直面した時の心情や対応と，企業が逆境に陥った時のそれとでは異なろう。しかし，逆境から立ち直り，持続的な成長を達成した人や経営者のケースを見ると，そこにはほぼ共通の復元力（レジリエンス，resilience）の要素を見ることができる。そして，筆者は逆境からの復元力は，個人レベルでは幼少から，企業レベルでは平時から，それを醸成するプログラムにより，その力やスキルを伸ばすことができると考えている。

1-2　目的と構成

　ここでの目的は，災害及び経営リスクや危機に直面した時に，リスクから逃げず，状況を把握し，乗り越えてきた人や企業にまず焦点を当て，そこに見る共通の要素を探り，それらをこれからの人生の満足度や精神的成長，そして企業生活，企業経営の在り方に関する指針として役立てていくための思考方法や方策を具体的に検討することである。

　第1に，レジリエンスとは何か，なぜレジリエンス思考が今，必要なのかについて検討する。

　第2に，企業経営におけるレジリエンス問題を検討する際に，どうしても避けられない問題として「企業とは何か」についての本質的問題がある。この点について社員の幸福感を重視してきた企業の事例と共に検討する。

　第3に，ビジネス・レジリエンスの基となる諸理論，特に幸福感の醸成とかかわる「ビジネスにおけるフロー理論」について検討する。

　第4に，レジリエンスを構成する共通の根源的要因を探るため，現実に逆境に直面し，そこから復元してきた企業の事例を検討すると共に，復元力と持続力を涵養するための施策の方向性についても検討する。

　最後に，ビジネス・レジリエンス力の多くはコントロール可能なものであるという視点から，ソフトな面である社員や経営者の内面から見たビジネス・レジリエンスにかかわる重要な要因をまとめとして検討する。その際，同時にハードな面にかかわる具体的施策も必要に応じ付加しながら，レジリエンス思考のマネジメント・プロセスとそのチェックポイントを検討する。

　現代の企業経営を取り巻く環境はこれまでになく不安定である。不安定な状

況下でも目標がぶれず，柔軟な思考で，現実的な対応をしていく力が求められる。レジリエンスはそのための思考を育んでくれる概念であり，それをもとに幸福への道に進むための方策でもある[1]。

2 リスク・マネジメントにおけるレジリエンス思考の重要性

　最初にレジリエンスの定義を簡潔に示し，次に，今，なぜレジリエンス思考が重要なのかを，経営リスク及び災害リスクの視点から見てみよう。

2-1　レジリエンスの定義

　レジリエンス（resilience）という語の初出はイギリスのようで，『オックスフォード英語辞典』にあたると，1600年代から「跳ね返る，跳ね返す」という意味で使用され，1800年代になると「圧縮された後，元の形，場所に戻る力，柔軟性」の意味で使用さるようになった[2]。後に検討されるレジリエンス思考に必要な要因の1つが「柔軟思考」であるが，当時の辞典にすでにこの意味が示されていることは驚きである。最近のリーダース英和辞典では，「回復力，立ち直る力，はね返り，弾力」という意味があり，オックスフォード新英和辞典では，人あるいは動物に関して「able to withstand or recover quickly from difficult conditions」つまり，「困難な状況に耐えうるあるいは早期に回復する能力」という意味が示されている。

　アメリカ心理学会の定義では，レジリエンスを「逆境やトラブル，強いストレスに直面した時に，適応する精神力と心理的プロセス」と説明している[3]。

　以上の説明からわかるように，レジリエンスとは一般に，捉え方，方策，スキルなどで「逆境」を乗り越え，持続的に成長していく力といえる。ここで誤解を避けるために言及すれば，筆者はレジリエンスを単に逆境に耐えうる精神的強さのみを強調するものではなく，逆境に陥っても，ビジョンを持ち続け，世のため，人のために貢献しつつ，経済的・心理的に回復し，持続的成長力に結び付ける力と捉えている。

2-2　レジリエンス思考が今なぜ必要か

2-2-1　経営リスクの視点①－経営破綻リスクの視点

　レジリエンス思考が求められている理由は次のいくつかの状況・背景からいえる。

　第1は，経営の破綻リスクの多さに由来する。わが国において，いかに企業倒産と破綻が多いかはすでに述べた。2015年の倒産企業と廃業企業の数は合わせて3万5,511社であり，1日当たり約97社の倒産・廃業となる。1時間当たり4社の倒産・廃業である。

　こうした数字は企業経営がより一層不確実，不安定になってきていることを示すと共に，企業経営者の経営リスク・マネジメント力が重要になっていることを示している。しかしこのような現実を前にして，その度に挫折していたのでは企業目標は勿論，社員個人としての目的も達成できず，成長もできない。

　こうした不安定な状況下でも目標がぶれず，柔軟な思考で，現実的な対応をしていく力が求められる。レジリエンスはそのための思考を育んでくれる概念であり，それをもとに幸福への道に進むための方策でもある。本稿で検討するビジネス・レジリエンスの思考が，より多くの人と共有され，普段から企業内に組み込まれていくことが筆者の願いである。

2-2-2　経営リスクの視点②－社員のストレス・マネジメントの視点

　レジリエンス思考が求められている第2の背景は，現代人を取り巻くビジネス環境が，かつてのものと異なってきており，そのことにより現代のビジネス・パーソンの精神的疲労が増大していることにかかわる。

　パソコンに向かって行うデスクワーク時間の増大，会社との携帯，ネットなどによる直接的情報共有時間の増大（このことは社員にとっては，一種の拘束感の増大に繋がる）と企業を取り巻く様々な法規制の変化，同業他社との競争の激化，グローバル化の進展などの諸要因が相まって，現代人のストレスは確実に増大している。企業を取り巻く内外の環境変化が，そこで働く人々に柔軟な対応の必要性を求めているが，これらのことが往々にして人に過度のストレスを与えることになる。

　過度のストレスは，人に健康上の問題と同時に，ビジネス面でも様々な影響

を与える。過度のストレスが人に与える精神衛生的問題に関しては、ストレスが過度になると精神疾患を患い、うつ病、不安障害などの病気を起こさせ、業務がその原因となれば労働災害として認定される状況をつくる。図表1-1では、心の病で労災請求をした人の数が年間1,456件で、これまでで最高の数字であることを示している（毎月平均121件、1日当たり約4件の請求を意味する）。これは表に出てきた数字であるが、潜在的には極めて多くの人がこの種の病に侵されていると推測する。

日本ではこれまでの「4大疾病」である、「がん、脳卒中、心臓病、糖尿病」に加え、精神疾患が加わり「5大疾病」となった。その精神疾患とは老齢者以外ではうつ病と不安障害のことである。

こうした精神障害のデータは入手できるものが少ないが、図表1-2は厚生労働省の調査で、各精神疾患の増減状況が公表されたものである。1996年を基準年とした精神疾患別の増加数が示されており、うつ病と不安障害は90年代終盤から急増していることがわかる。

図表1-1　精神障害による労災請求件数

出所：厚生労働省。

図表1-2　1996年以降の精神疾患の増加状況

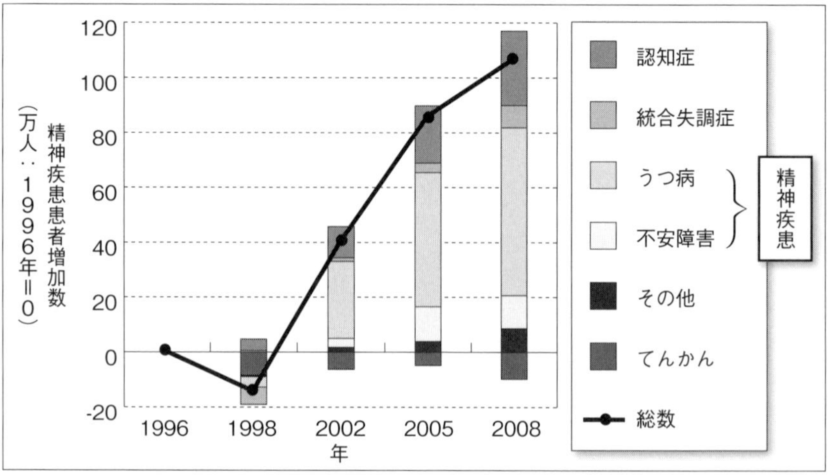

出所：厚生労働省調査。

　こうした精神障害が企業に与える影響は大きい。内閣府は年収600万円の社員が6カ月休職すると約420万円のコストがかかると試算し，厚生労働省によると自殺やうつ病による経済的損失は年間，約2兆7千億円に上るとしている。

　こうした状況を受けて，国も2015年12月1日施行の改正労働安全衛生法で，従業員50人以上の事業所を対象に，医師などによるストレス・チェックを企業に義務化し，2016年11月末までに最低1回実施する必要があるとした。
　企業側も，社員の心の健康状態を年に1度調べる「ストレス・チェック」が12月から義務付けられるのを受けて，すでに対策に乗り出している。
　大和証券グループ本社は心の健康管理に取り組む社員にポイントを付与し，給与に反映させる。同グループは2015年10月，心身の健康管理を担当するCHO（チーフ・ヘルス・オフィサー，最高健康責任者）を設置した。さらに45歳以上の社員がeラーニングなどで心の健康管理に取り組むとポイントを付与することを決めた。これまでも資格取得や生活習慣病対策に応じてポイントを与えてきたが，これにメンタルヘルスも加える。ポイントが一定以上になれば55歳以上で年収が1～3割上がる。

大京はストレス・チェックの義務化に先がけて8〜9月、ストレス・チェックを実施した。10月下旬の経営会議で、年齢や役職ごとのストレス傾向を共有し、担当部署で対応策を検討中といわれている[4]。

競争激化、グローバル化による環境変化の速さなどによる過度のストレスは、またビジネスの意思決定分野においても、好ましくない影響を与える。それに関する研究成果の1つは「過度のストレスがビジネスの生産性を落とす」という伝統的な見解である。

ストレスの量と生産性の関係を見ると、ヤーキズ・ドッドソンの法則では、図表1-3のようにストレス・レベルが高過ぎても、低過ぎても生産性は落ちるということがわかっている。過度のプレッシャーが悪いストレス（distress）になり、それは人の心、体、頭によくない影響を与え、意欲の低下、欠勤、コミュニケーション能力の低下、不適切な行動、注意力や判断力の低下、事故を誘発する行動などが出るといわれている[5]。

一方、良いストレス（eustress）とは、例えば、目標、夢、スポーツ、良い人間関係など、自分を奮い立たせてくれたり、勇気づけてくれたり、元気にしてくれたりする刺激とその状態である[6]。

この法則からいえることは、企業は社員との関係において、いかにしてよいストレスをできるだけ築くかということを考えることが、社員の生産性向上に役立つという点である。

図表1-3　ストレスと生産性曲線

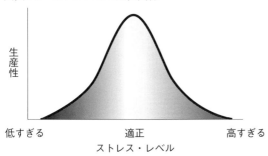

さらに過度のストレスは生産性低下どころか，企業内の不正発生原因の1つになりかねないという「不正のトライアングル」理論が実証結果と共に示されている。ドナルド・R・クレッシー（Donald Ray Cressey）は，横領の発生要因は脆弱な内部統制や不十分な監視システムが根本的な原因ではなく，当事者が雇用主の信頼に意図的に背くことにより不正行為が発生すると分析している。具体的には，次の3つの要因がすべてそろうと不正を発生させる要因になるというものである。

クレッシーは，不正は①動機・プレッシャー（不正を行う心理的なきっかけで，他人に打ち明けられない問題）を抱え，②機会（この問題が自分の経済的に信頼されている立場を利用すれば，秘密裏に解決できること）を意識し，③正当化（その解決策を実行しても，信頼された人物としての自分のイメージを損なわないですむような理由付け）を考えつく時に発生すると考え，この「動機・プレッシャー」，「機会」，「正当化」を不正のトライアングルと定義している[7]（図表1-4を参照）。

図表1-4　クレッシーのトライアングル理論

```
            1. 動機・プレッシャー
                    │
                    ▼
                  [不正]
                 ↗      ↖
   2. 機会                3. 正当化
```

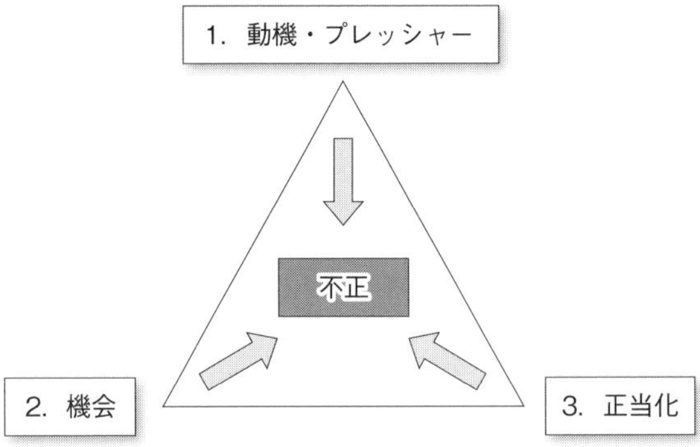

クレッシーは過度のプレッシャーが人にストレスを生じさせ，1人で解決できないために，例えば会社の資金に手をつけるという展開で企業不正の説明をしているが，ここで重要なのは過度のプレッシャーという点である。

このように現代企業を取り巻くいくつかの要因が，社員や経営者に過度のストレスを与える可能性を高めている。こうしたビジネス環境が，会社の理念や使命，存在意義，社員のモチベーション，仕事の意義などを不明瞭に，また不安定なものにさせ，結果として社員の心も脆弱なものにさせているといえる。

ビジネス環境の変化は人にストレスと同時にチャンスを与えるけれども，人により環境変化への適応の仕方や捉え方は異なり，うまく柔軟に適応できる人と，それができない人，いい換えれば脆弱な人とにわかれていくことになる。本論文は脆弱（vulnerability）とは反対の概念である復元力（resilience）つまり逆境を乗り越えていくための力をつけるために，ストレス・マネジメントを経営リスク・マネジメントの視点から捉え，普段から人や企業が何を考え，どうすればいいのかについても検討している。

2-2-3　自然災害リスクの視点③－個人，地域，企業，国にとってのレジリエンスの視点

レジリエンス思考とレジリエンス力が求められている第3の理由は，わが国が世界一の自然災害リスク指数第1位の国ゆえに，自然災害リスクへの対応が単にハードな面でのリスク対応のみならず，下記に示すソフト及びレジリエンス視点からも重要だからである。

自然災害リスク指数を求める考え方として，ここでは2つ検討しておく。

1つはミュンヘン再保険会社が下記の3つの指標から世界主要都市の災害リスク指数を算出し，2002年に公表しているものである。[8]

①災害危険度（hazard）＝地震，台風，水害，火山災害，山林火災その他の発生危険性。
②リスクへの脆弱性（vulnerability）＝住宅の構造特性，住宅密度，都市の安全対策水準の3指標から構成し測定。
③リスクにさらされる経済的価値（exposed values）＝経済上の影響，規模に関連する指数。各都市の家計，経済水準等に基づく。

もう1つのリスク指標算出の考え方は，国連大学による*World Risk Report*で示されているものであり，発生確率と脆弱性の積から損失を求めるものである。この指標に基づき世界各国の災害リスク指数を算出したものが図表1-5である。

図表1-5　世界一の災害多発国日本

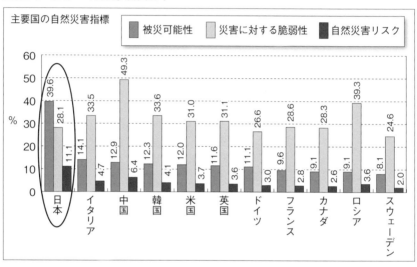

注：国の並びは被災可能性の高い順。
出所：United Nations University（2011），*World Risk Report*。

　図表1-5の災害リスク指数の国際比較から，日本が世界一災害リスク度の高い危険な国であることがわかる。日本は地震リスクを含めた自然災害リスク最大の国であるという大前提のもとに，地震及び津波などに対する国，地域，企業のリスク・マネジメント活動が検討される必要がある。
　自然災害リスクは天災であると共に，人災の面もある。自然災害リスクはその頻度と大きさの面で，われわれ個人や地域，企業そして国家に甚大な影響を与える。災害の影響や大きさを制御し，できるだけわれわれが被る損失を小さくする活動がリスク制御である。しかし，ここでもう1つの概念，つまり脆弱性を少なくする概念として復元力の視点がある。
　林（2011）は災害リスクによる損失の程度をハザードと脆弱性との積で示し

ている点については，ハザードを「これまで外力とか外因とか呼んできた事象で，潜在的に災害をもたらす可能性のある力のこと」といい，また脆弱性とは「耐性のなさ」つまり復元力のなさをいうとして，下記の模式を示している[9]。

$$\boxed{災害リスク　=　ハザード　×　脆弱性}$$

筆者はこの図式に，次に示すような幾つかの補足を加え，企業のリスク・マネジメント視点から，災害リスクによる損失の程度に影響を与える要因として検討する。

筆者の述べるハザードとは，企業を取り巻く外的及び内的要因により，損失に影響を与える要因をいい，次の諸要因がある。(1) 地震や津波の大きさ，建物の立地や人の居住地，地震多発地域での密集度，建物の耐震性や高さ，防波堤や防潮堤の存在，防災マニュアル，避難経路，各種防災対応策などの物理的，環境的そして目に見える防災対策などを含むハードな要因，(2) 防災教育の程度，避難訓練，トップの危機に対する姿勢やリーダーシップ，社員の協力関係，リスク情報の共有，ネットワーク力，過去の経験による学習力，危機発生時の柔軟な対応力などのソフトな要因，そして (3) 災害による損失を転嫁あるいは負担する経済的資金計画の対応状況，つまりリスク・ファイナンスの要因である。

以上の3要因は公的な行政面からの協力，業界・会社間の協力，地域の人々との協力があることにより，そのリスク・マネジメント効果は高まる。

災害リスクによる損失の程度を決めるもう1つの要因である脆弱性を，ここでは，その反対概念としてのレジリエンスすなわち復元力として捉え直す。つまりリスクに対し脆弱な個人，地域，組織，企業，行政は復元力の弱い主体であり，その結果，災害リスクの影響を非常に強く受け，災害からの復興は非常に遅れ，企業損失，社会的損失が大になることを意味する。この場合，復興とは，災害リスクが与えた損失からの経済的回復及び人の心理的回復，そして将来の同種リスクへの対応力が準備された状態をいう。つまり理想的には組織や企業の復元力とは経済的，心理的にも回復が見られると共に，繰り返し生じるリスクへの対応がなされており，持続的成長の可能性を有している状態と捉えている。この復元力がどういう要因でできているのか，復元力をつけるにはど

うすればいいのかについて検討するのが本稿の主な目的である。

　災害がもたらす損失の程度は，これら3つのサブ要因（ハード面，ソフト面，ファイナンス面）により変化するハザードと組織や企業，地域の復元力の積で決まる。この点を簡単に付言すれば，災害リスクが大きく，上で見たハード面での対応及びソフト面，そしてファイナンス面での対応が不十分で効果的でなく，さらにリスクに直面する主体（個人，地域，組織，企業，行政など）に復元力がなければ，損失は甚大となり悲惨な状況が続くことになる。また災害リスクの物理的大きさが小さくても，ハード面での対応及びソフト面，そしてファイナンス面での対応が不十分で効果的でなく，さらに人や組織，行政に復元力がなければ，損失は拡大し悲惨な状況が続くことになる。

3 レジリエンスと企業経営の本質

3-1　企業経営の本質とレジリエンスの関係

　企業レベルでのレジリエンスを検討する際，第1に経営者が考えなければならないのは，何のために会社があり，何のために会社は社会に貢献できるのかである。つまり経営者の企業観，経営観が非常に重要になる。様々な危機に瀕して，それを乗り越える力は，原点に返って，企業トップや社員が，「会社とは何か，会社の目標や理念は何か」を相互に理解し，それを共有するところから，また特に企業トップは「どうすれば社員は幸せに働くことができるのか」を常日頃，思考しておくところから生まれるからである。

　しかし，企業レベルにおける様々なリスクや危機から復元するには，経営者の企業観，経営観そして企業トップや社員の「会社とは何か，会社の目標や理念は何か」の相互理解や共有だけでは実現できない。本稿で検討する事例からもわかるように，その他の多様な企業の力（技術力，販売力，従業員の心，人間関係などの総合力ほか）も重要である。しかし，それらの各諸要因の力を発現させる源になるのが企業観，経営観である。

　そこで，ここではP.ドラッカーの「会社とは」に関する見解から，企業の復元力の源泉，施策等を検討してみよう。

ドラッカーは,「会社とは,本業を通じ人々を幸せにする組織体」であり,その存在の正当性は下記の4つの原則が守られる場合であるという趣旨のことを述べている（日本経済新聞,2007年7月17日）。
　このドラッカーの企業観,経営観に関する見解を筆者流に考え直すと,次のようになる。
　本業とは企業が生み出す商品・サービスの提供をいい,人々とはその企業の商品・サービスの提供にかかわるすべての利害関係者,例えば本業に携わる社員,流通関係者,購買者,地域住民,株主などをいう。これらの人々で構成されているのが社会であるから,人々とはいい換えれば社会を意味する。そこでドラッカーの「会社」（企業）の定義は次のように表現し直すことができる。
　「企業とは,本業（商品・サービスの提供）を通じ,関係する人々を（社会を）幸せにする組織体である」。ここでの重要なコンセプトは本業を通じ社会を幸せにするということである。
　近年では,企業は本業以外の多様な領域に手をだし,企業成果や企業評判を上げようとすることが,前にもまして増加している。本業と関係性の薄いCSR（企業の社会的責任）活動もその一環である。
　しかし,そうしたことで,本業にかかわる業務,例えば商品の品質,流通,適正な価格などへの企業努力がおろそかになっているのでは本末転倒である。こうした面への企業努力がおろそかになると,そのことが品質の低下,流通コストの増加,価格の引き上げなどに繋がると共に,さらに競争上のプレッシャーなどが企業に働くと,品質管理の手抜き,偽装表示,価格の談合などの諸問題あるいは不正が生じる可能性を高める。「本業に真剣に取り組むことが重要」というドラッカーの指摘は,筆者には,こうした倫理リスクを生じさせないためにも,そして社会構成員皆が幸せになるためにも重要だといっているように聞こえてならない。
　さらにドラッカーは,こうした会社の正当性を維持するために,次の4つの原則を主張している。
　第1は「会社の影響は大きい,したがって悪影響は最小限に抑えなければならない」ということである。会社がつくり出す商品やサービスを極めて多くの人が使用し,またそうした会社に多くの人が投資をする。もしその会社が間違った企業行動,不正,あるいは不正とはいえないかもしれないが不誠実な企業

行動を起こすと何十万人，何百万人の人々が不幸せになる。

第2は「悪影響を予測し，その予防措置をとることが重要であり，無策でいれば大きな打撃と規制を受ける」という原則である。悪影響を予測し，その予防措置をとることは，企業のリスク・マネジメントの最も重要な部分であるが，好ましくないリスクを予測・評価し，好ましくないリスクの制御，最小化をしなければならないという，まさしくリスク・マネジメントの核心のことを述べている。

第3の原則は「悪影響の防止策を含め，社会のニーズを成長機会と捉えることが重要」というものである。筆者はドラッカーのこうした見解を，「企業は社会を幸せにする組織体なのだから，社会で問題となっている課題を発見・評価し，それを解決する商品やサービスをつくり出すことに存在意義がある」と解釈している。実はこうした面でのリスク・マネジメントは，社会での様々な問題を解決することを目的としている「ソーシャル・リスク・マネジメント」の考え方と軌を一にしている。

第4の原則は会社のトップつまり，リーダーは「事業に責任を持つと共に，社会の人々の生活の質にも責任を負う」というものである。「責任」という言葉が繰り返されている。企業の倫理リスクの発生状況を見ていると，概ね企業トップがかかわるケースが多いが，ドラッカーは企業トップに事業への責任と共に，広く利害関係者ひいては社会にも責任を持つことを述べている。

以上がドラッカーの会社の正当性あるいは存在意義に関する主張であり，こうした原則が企業において守られるべき指針，理念，ビジョンとして共有されていれば，危機を乗り越える条件の骨格が準備できる。次節で，こうした企業経営の本質を踏まえて再生に成功した事例を検討する。

3-2 社員の幸せの追究とアメーバ経営で再生したJAL[10]

JALはこれまでの放漫経営により，2009年に1,337億円の営業利益での赤字を出し，2010年1月に経営破綻する。

このJAL再生に中心的役割を果たしたのが，京セラの稲盛和夫氏であり，京セラの企業理念である「社員の物心両面の幸福の追究」，「社会の進歩発展に貢献」を，新JALのフィロソフィとすると共に，京セラのアメーバ経営を航空業

界に適応し大成功を収めている。企業哲学だけで企業再生がなし得られたわけではないが，再生の大きな精神的バックボーンとなったのは間違いない。

JALは経営破綻後の更生計画に基づき，支援機構からの支援（3,500億円），銀行の債権放棄（5,215億円），給与カット（平均3割），企業年金カット（現役5割，OB3割カット），人員削減（1万6,000人），不採算路線の廃止（61路線），航空機削減（64機）などの再生計画が実施されていく。

破綻前のJALの常識は以下のようなものであった。

「ナショナル・フラッグ・キャリアはつぶれない」，「メンテナンス部品はすべて新品」，「コストが本当に必要なのか疑わない」，「事業計画は経営企画本部がつくり，実績とのずれに責任をどこももたない」，「6つの部門は交流がなく，まるで別会社であり，事業全体を俯瞰する視点がない」，「顧客のことよりもマニュアル主義」，「経営幹部と現場との間の大きな距離感」。

結果として，JALでは次のような課題をもっていた。①価値観の共有がない，②現場の経営参画意識が乏しい，③経営と現場の距離感がある，④顧客視点がない，⑤現場のリーダーシップがない，⑥横のリーダーシップがない。

稲盛氏は2010年にJAL会長に就任し，以下のような対応をしていく。

2011年JAL企業理念の導入（全社員の物心両面の幸福を追求し，お客様に最高のサービスを提供する。企業価値を高め，社会の進歩発展に貢献する），JALフィロソフィ完成（40項目あり，結果的に90％は京セラのものに近い）。

2011年4月にはJAL式アメーバ経営を本格導入する。部門別採算による意識改革，稲盛氏の率先垂範とフィロソフィ教育，マニュアル主義の是正，顧客視点の実施などにより，破綻から1年4カ月後，更生計画を約1,200億円上回る過去最高益を出した。

JAL復元のカギは，下記の5つといわれているが，のちに本稿で検討する復元力の構成要素がそれに含まれている。

① 衆目にさらされての再生（破綻の事実を全員が受け止め，悪い面を見つめなおす契機，後に検討するが，レジリエンスに必要なリスク直視要因である）。
② 稲盛氏のリーダーシップと社内の共感（稲盛氏のリーダー教育による，経営幹部と現場との共感）。

③JALフィロソフィによる価値観の共有。
④アメーバ経営による部門別採算制度により,社員も自部門の収支を知り,アクションを起こした。
⑤JALフィロソフィとJAL式アメーバ経営により,新しい価値観を学ぶ機会が得られ,それが自主的な行動に結びついた[11](つまり復元力の要因である企業理念やビジョンの力,また新たな価値観により柔軟な対応力がついたのである)。

4 ビジネス・レジリエンスを生む理論

人生のリスクの中で「仕事の幸福」に関するリスクが,人生の幸福を左右する大きなリスクであるといわれている[12]。そこで,本節では,仕事,あるいは職場で,どうすれば情熱を持って仕事に取り組むことができるのか,いい換えれば「仕事の幸福」はどうすれば生むことができるのかという点を中心に,ビジネス・レジリエンスに関連する理論や考え方を検討してみよう。

4-1 ビジネスにおける「フロー」

ピーター・ドラッカーの会社の本質の関する概念については既述したが,もう1度示すと次のようになる。「会社とは社会の問題に貢献する存在,利益ではなく人間を幸せにするために存在する」。

またドラッカーは「働き甲斐とは,責任ある仕事を遂行することであり,そのためには①真に必要な仕事,②成果についてのフィードバック情報を与える③継続的学習の環境を与える,働くことは喜びや自己実現に繋がるもの(わくわくドキドキするもの)」という意味の指摘をしている[13]。このドラッカーの見解はこれから検討する「フロー(Flow)」条件の一部に似ている。

「フロー」の研究者の第1人者であるM.チクセントミハイ(Mihaly Csikszentmihalyi,元シカゴ大学心理学教授)によれば,「フロー」とは「無我夢中で何かに取り組んでいる時の意識状態で,単なる集中以上に,それを体験した人に何か特別なことが起こったと感じさせる,心と体が自然に作用しあう調

和のとれた経験，最適経験，楽しむこととも関係している」と述べている。[14]

わかりやすくいえば，「フロー」とは「人間にとって最も生産性の高い幸福感に満ちた精神状態」のことである。[15]

チクセントミハイは「フロー」体験をビジネスの分野にも適応し，「仕事もできるだけ楽しくする方法，成功と共に，仲間や従業員また顧客にも信用されたいと思っているビジネス・リーダーの責任とは何か」について検討している。[16]

チクセントミハイは，「フロー」な状態になるための条件として，概略，次の①～⑥を挙げている。[17]

①組織の目標を明確にすること

社員と経営者間の企業ビジョンや理念，使命の共有・共感を通じ，組織の目標を明確にすることである。企業ビジョンや理念，使命の共有・共感を通じて，両者間に信頼感が生まれ，会社，社員の存在意義を確認することが重要である。こうしたことが会社の一体感を生み，目標達成の動機を強める。

本稿で検討している，JALそして池内タオル，酔仙酒造などの事例でも，最初に企業ビジョン，企業理念が明確に示されていた。

②社員に自由と責任を付与していること（信頼と自立性を軸としている）

社員には目標を達成するのに必要なスキルが必要であるが，さらに，「フロー」を生むには社員に権限を委譲することが重要である。仕事の仕方において，それが拘束的に社員をコントロールするものではなく，仕事の遂行方法に選択の幅があり，最善の方法を見つけられるチャンスを社員に提供することが信用と新たなアイディアを生み出す。

新しい技術が導入され，仕事の仕方に変化が生じる場合も，この新技術は仕事の楽しみにどのように影響するのかという視点を，経営者，上司が持つことが「フロー」に繋がるのである。

③挑戦（目標）とスキルのバランス，これら２つがその人にとり比較的レベルの高いものであること

スキルとは技術的なスキルのみではなく，例えば価値観，感情，ユーモア，思いやりなどを含む能力全体を意味する。人材雇用の際に「求職者は組織の目

標と価値観にふさわしい人かどうか」を問うことも重要である。

　挑戦目標とスキルのバランスが取れない状況が生じることもある。例えば，私生活面での変化（家の購買，結婚ほか）により，精神エネルギーが当該仕事に向けられない状況が生まれることがある。賢明な上司は，そうした状況が一時的か継続するものかを普段のコミュニケーションから推察し，適切な配置転換をすることが「フロー」への道をつくる。

　上で示したスキルのうち，ユーモアについていえば，「採用時に応募者にユーモアセンスの資質があるかどうか」を重視している会社が米国のLCCであるSWA社（サウスウエスト航空）である。

④客観的で公正な評価の存在つまり明確なフィードバック

　社員が仕事の成果を迅速で具体的なフィードバックにより知ることで，学習と成長の機会が生まれる。社員へのフィードバックを担う1人に上司がいるが，過剰管理に繋がるような事細かいフィードバックが行われると，社員のモチベーション，学習意欲が阻害され，ここに倫理リスクの発生源の1つであるプレッシャー，社員による正当化理由が生まれる可能性がある。

　フィードバックには仕事自体からのフィードバックもある。仕事固有の成果の尺度を示すことにより，組織全体から見た社員の仕事の進捗状況がわかれば，多くの場合，組織全体にとり魅力的なフィードバックとなる。そのためには，各社員の仕事が組織全体の目標達成にどのように役立っているのかを示して理解を得ておく必要がある。

　稲盛和夫が設立した京セラでは，経営トップや各部門のリーダーが，すばやく，かつ正確に経営判断を行うために，いまの経営状態を「ありのまま」の姿で，正確かつタイムリーに把握するための経営情報のフィードバック・システムを構築している。[18]

　ただチクセントミハイも指摘しているように，それが過剰管理に繋がるような事細かいフィードバックの場合，過剰なプレッシャーになることがあり，パフォーマンスの低下あるいは倫理リスクを生む可能性を上げる。

　また，仲間からのフィードバックも大切であり，社員が能力や独自性を発揮した時に，それを理解してくれる「顔の見える仲間」の存在も重要である。個々人の力が想像以上に発揮された時，仲間を含む組織全体の「賞賛」がない場合，

社員のモチベーションは下がり、転職などの組織にとり好ましくない状況を生む一因になることがある。

このチクセントミハイの「明確なフィードバック」の指摘は重要であり、京セラでも、アメーバ経営による成果を報酬に連動させず、仲間からの賞賛と感謝にあてている。

⑤公共の利益や社会的価値の創造に寄与しているという誇りや満足感が存在していること

社員の協力により生み出される商品やサービスが、公共の利益や社会的価値の創造に寄与していると社員が確信する時、社員は安心して自分の心理的エネルギーを仕事に投入することができる。したがって、会社（組織）は倫理的な態度をもって、利害関係者に接することができるし、社員の満足感や利害関係者からの協力が得られる。社会的諸問題の解決に寄与する商品やサービスの提供（ソーシャル・ビジネス）は、こうした面で優位性をもっている。

その理由は「世のため、社会のために働く」という内発的動機、いい換えれば、何かに参加したり、何かを行うのはそれ自体が好きだからであり、将来得られる報酬や利益を期待して行うのではないということとも関連している。

⑥金銭などの外発的報酬だけではなく、教育、訓練、キャリアプランニングなど内発的な報酬の獲得に結びつく用意があること

外発的報酬の典型は成果主義であるが、近年では成果主義の見直しがいくつかの企業で行われている。内発的報酬を整えることが従業員満足度（ES）を高め、それがひいては顧客満足（CS）に結びつくという思考である。この思考は米国のSWA（サウスウエスト航空）で実行され、素晴らしいパフォーマンスを示してきた事例がある。[19] 日本では、花王がその例であり、同社のこうした側面についてもう少し詳細に検討してみよう。

〈花王の事例〉
　花王では，国内市場が飽和していることから，海外市場の重要性がこれまで以上に高まっており，海外における優秀人材の確保，次世代リーダーの育成が最重要課題となっている。こうした状況の中で，組織の成長と共に個人の成長を支援していくために，「花王が求める人材像」を次のように掲げている。

〈花王が求める人材像〉
1. チャレンジを続けられる人材
2. 高い専門性を持った人材
3. 国際感覚豊かな人材
4. チームワークを大切にして，協働で成果を上げる人材
5. 高い倫理観を持った人材

　また，グローバル競争力の維持・向上を目指すために，公正な人事・処遇制度に加え，キャリアパスや成長機会の提供などといった賃金報酬以外のインセンティブで優秀人材を繋ぎ止め，モチベーションを向上させる施策が必要不可欠となっている。

　そこで，各国の多様な人材をまとめ，求心力を高める施策の1つとして花王の価値観・哲学（「花王ウェイ」）（図表1-6参照）を策定すると共に，各部門・関係会社にもそれを浸透させるために，専門部署を設置し，「花王ウェイ・ワークショップ（研修）」を通じて価値観の共有・組織力の向上に取り組んでいる。[20]

　例えば，企業行動指針「花王ビジネス・コンダクト・ガイドライン」を制定，各国の特性や事例を踏まえた研修を実施して，世界各国のグループ社員への浸透を図っている。同時に，法令や倫理に反するおそれがある行為について，社員が通報・相談できる「相談窓口」をグループ全社に設け，社員が疑問を解決し，安心して責任ある行動ができるようサポートしている。

図表1-6　花王ウェイ（基本理念）

問い	階層	内容
私たちは何のために存在しているのか	使命	豊かな生活文化の実現
私たちはどこに行こうとしているのか	ビジョン	消費者・顧客を最もよく知る企業に
私たちは何を大切に考えるのか	基本となる価値観	よきモノづくり 絶えざる革新 正道を歩む
私たちはどのように行動するのか	行動原則	消費者起点 現場主義 個の尊重とチームワーク グローバル視点
一人ひとりの日々の行動を規定	花王ビジネス・コンダクト・ガイドライン（BCG）	

注：1995年制定の基本理念を改定，グローバル理念として2004年制定。
出所：「花王ウェイ」2004年。

また，花王は，米国のシンクタンク「Ethisphere Institute」が発表した「World's Most Ethical Companies（世界で最も倫理的な企業）2014」に選定されている。花王は2007年の初回以来，8年連続の選定であり，8年連続の選定は日本企業では唯一となる。「世界で最も倫理的な企業」は全世界100カ国以上，36業種の企業が評価に参加し，過去最多の企業の中から最終的に145社が選定された。8年連続での選定はグローバル企業でも少数に限られている。

5 事例研究に見るビジネス・レジリエンスの根源的要因

本稿の基本的な問いは「なぜ，1度破綻した企業が復元できたのか，逆境下での復元力の源泉は何か，復元前後には，経営者は社員の幸福感や成長をも視野に入れた思考をしていたのか」などである。企業の破綻と復元の原因やその背景，共通要因などの解明には，次に検討するようにいくつかの手段，研究アプローチがある。最初にそのアプローチを概括し，次に本稿で検討するリスク，危機，そしてレジリエンス問題解明のために適合するアプローチが何かを示し，

最後に，そのアプローチに沿った具体的検討を行う。

5-1　危機，レジリエンスの問題に関するアプローチ法

　問題解決のための研究には様々なアプローチがある。例えば歴史的アプローチ，統計学的アプローチ，理論的アプローチ，そして事例によるアプローチなどである。このうち歴史的アプローチ，統計学的アプローチそして事例によるアプローチの特徴は，下記のものとなろう。

①脈絡や状況を重視した事例研究によるアプローチ

　このアプローチは，「なぜ，どのように」の因果メカニズムの解明に役立つアプローチである。[21] 危機管理や危機発生後の復元問題などを当事者の視点に立って分析しようとする場合，重要な問いかけは，「当事者がなぜ，どういう思考や方法で，その問題を乗り越えたか」を問うことである。その際に，当事者，関係者の脈絡や状況を踏まえて，将来の意思決定をより効果的にするためのアプローチとして事例研究がある。

②①の中に含まれるオーラル・ヒストリー（oral history，口述記録あるいは口述歴史）といわれるアプローチ

　過去の出来事，例えば企業の破綻や逆境を克服したケースなどの原因や背景，復元策などの研究のために関係者から直接，話を聞き取り，記録としてまとめるアプローチで，過去の事象から将来を類推（歴史的類推）するのに有効である。

③数量化可能な事柄のみを説明する統計学的アプローチ

　「誰が，どこで，何を，どの程度」の分析に向いているが，「なぜそうしたのか」の解明には向いていない。本稿での関心は，「なぜ破綻し，なぜ復元できたのかの分析」であるが，「原因と結果の因果メカニズム」解明には向いていない。

　企業の最大の危機である倒産問題について，例えば企業共済協会発行の企業

の倒産原因に関する調査結果（2014年度は合計9,911社が倒産）を見ると，次のような倒産原因が示されている。[22]

- 「販売不振」　　　　　　6,858件　（69%）
- 「既往のしわ寄せ」（赤字累積）　1,123件　（11%）
- 「他社倒産の余波」　　　613件　（6%）
- 「放漫経営」　　　　　　480件　（4.8%）
- 「過小資本」　　　　　　447件　（4.5%）
- 「その他」　　　　　　　336件　（3.3%）
- 「売掛金回収難」　　　　54件　（0.5%）

これらの数字は調査によるプリミティブな統計的アプローチの1つであるが，こうした原因の把握だけでは，本稿の関心テーマである倒産の根源的な原因，経営者の思考，経営戦略などとの相互関連は把握できない。

以上の検討からわかるように，経営破綻などの想定困難な危機，想定外の危機への対応問題，レジリエンス問題を扱う研究では，「当事者がなぜ，どういう思考や方法で，その問題を乗り越えたか」などを問うことが重要である。その際に，当事者，関係者の脈絡や状況を踏まえて，将来の意思決定をより効果的に行うためのアプローチとして，事例研究やオーラル・ヒストリーが効果的である。分析対象とするテーマにより，用いられる研究アプローチを適応させることが重要であり，本稿での「レジリエンス」問題の検討には，事例研究やオーラル・ヒストリーが効果的である。以上の理由により，本稿では理論と共に事例を多用し，レジリエンス問題を検討している。

5-2　レジリエンス力のある企業の事例

ここではまず，次の2社の事例研究を検討し，その後，それらの会社の復元力の要因を整理してみよう。

①池内タオル―苦境を克服した今治のタオル会社
〈初代経営者が他界した直後に社長に〉
愛媛県今治市は現在人口約16万人の小さな町で，造船，タオルで有名である。

筆者は大学卒業後，すぐに大手損保会社の社員として今治支店に本配属になり，いくつかのタオル工場を訪問したことがある。火災保険の契約者としてタオル工場があったからである。本稿で検討する事例は，地方の小さな町でタオル産業自体が衰退し，激しい低価格競争にさらされているという厳しい外部環境の中，元請け問屋の倒産による連鎖倒産をした「池内タオル」という会社の事例である。[23]

　「池内タオル」は1953年創業の会社で，現社長は2代目である。1代目社長は現社長の父親で，1982年に病気で急逝する。2代目社長となる池内氏は大学卒業後，松下電器（大阪，現パナソニック）に就職し，そこで12年間働き，家を継ぐ決心をした直後に父親が他界する。次期社長として池内氏がタオル会社を継いだのが1983年である。

　今治のタオルは，全国生産の約6割を占めている。かつては500社のタオル工場があったが，1976年ころをピークに減少し，いまでは140社が今治タオルを担っている。筆者が大手損保会社に勤務していた頃がタオル生産のピーク時期だったことになる。

〈タオル業界〉

　日本のタオルの需要は70％以上が贈答用という特異な市場環境で，そのため見栄えの良いものが選ばれるようである。米国では多くの消費者が自分の嗜好に合わせてタオルを購入し，シンプルなもので自分の好む色や質などが重視される。現在，日本のタオル産業は，中国をはじめとするアジア諸国からの廉価商品の輸入急増を受けて，国内生産が落ち込み，事業所数が減少の一途をたどるなど，最大の危機に直面している。中国をはじめとする低価格商品の大量流入によって，国内マーケットにおけるタオルの輸入浸透率は2000年の57.5％から2010年には81.5％へと大幅にアップしている。こうした現状を招いた原因としては，まず，これまで指摘されてきた課題解決のための自助努力が足りなかったということが挙げられる。特にエンドユーザーのニーズにあった商品開発，流通改革への取り組みなど，時代への適応が遅れたことが最大の原因であるといわれている。

〈危機に直面〉

　現社長が家業を継いだころの池内タオルの売り上げは約20％が米国など海外への輸出で，残りは国内での売り上げであったが，そのビジネスモデルは，問屋からの生産委託であった（問屋はほとんどをコストのかからない中国やベトナムに委託し，国内委託はわずか）。年商の70％は問屋に依存していたが，その問屋が2003年に倒産し，2億4,000万の売掛金の焦げ付きが生じ，計約10億の負債を抱えてしまったのである。2002年に倒産・その直前の自社ブランドの売り上げは700万円程度で，全売り上げに占める自社ブランドの比率は2〜3％であった。しかも他社ブランド製品の生産をするという企業（OEM企業，Original Equipment Manufacturer）であった。特定企業に自社売り上げの多くを依存することは，リスクの集中を招き大きなリスクとなる。

　一般にOEMを採用すると効果的な時期には次の3段階があるといわれている。

1. 市場が立ち上がる時期。製造の技術やラインを持たない企業にとって，自社製造を開始するまでの期間，OEM供給を受ける事で他社との市場投入の差を埋めることができる。
2. 市場が成長期を迎えた段階。自社生産が追いつかない時に他社に委託する。
3. 市場が衰退する時期。自社生産から撤退し，低コストで市場への製品供給が可能となる。

　また，中小企業など営業力の弱い企業においては，OEM先の営業力を活用できるメリットもあるといわれる。創業者である初代社長時代の池内タオルは，多分こうした考え方に依存し，OEMによるタオル生産を志向していたと思われる。しかし，リスク・マネジメントの視点からは元請け依存になり，極めて危険なビジネスモデルである。しかも，「市場が衰退する時期，自社生産から撤退し，低コストで市場への製品供給が可能となる」，「中小企業など営業力の弱い企業においては，OEM先の営業力を活用できるメリットもある」など，OEMは弱い企業を助ける救世主のような印象を与える。しかし，この考え方はリスク・マネジメントの視点では危険であり，現在の2代目池内タオルの社長は，こ

のOEM型ビジネスモデルとは決別する意思決定を下した。OEM先を多様化しリスク分散を図るという道もありうるが、同社はその道はとらず、自社ブランドの育成へと舵を取り直す決断をした。

〈どう危機を克服したか：OEM企業から自社ブランドを売るビジネスモデルへ〉

　池内タオルの2代目社長は、倒産前の1997年から「世界で一番安全なタオルをつくりたい」という思いで、「環境にやさしい」というコンセプトによる自社ブランドを確立したいと考えていた。そして有機栽培綿（有機栽培綿は3年以上、農薬や化学肥料を使わない畑でとれた綿花を、認定紡績工場で紡糸するという極めて厳しいEU規定でつくられたもの。そのため、通常の綿価格に比べ、有機栽培綿は3～4倍高い）を使用したタオル製造に必要な電力を風力で賄う（風力発電の電気を購入し製造する）「風で織るタオル」を「IKTブランド」として確立していったのである。2002年には、米国の織物品評会で最優秀賞を受賞したことも大きな刺激になっていたと思われるが、OEM先にいわれるままの製造を続けていても、東南アジアで生産される安価なタオルとの低価格競争に巻き込まれるだけ、「売りたいものをつくるのではなく、つくりたいものをつくる」ために自社ブランドを売るビジネスモデルへと大きな経営方針の転換を図る決断を下した。

　池内タオルは水についても、環境への配慮を実現している。タオル染色後の灰色の水を、同業7社と共同で運営する排水処理施設で浄化し、「海の水より透き通っている」とまでいわれる排水処理施設を、1992年にすでに完成させている。風、水そして有機栽培綿の3つにより、「環境にやさしい自社ブランドタオル」の育成が進んでいく。

　CSR（企業の社会的責任）という言葉はどんな業界でもよくいわれ、多くの会社が環境報告書まで出している。環境に負荷をあまり与えない業界、例えば金融業界、保険業界などがCSR、CSRと声高らかにいいつつ、反面、本業では業績不振、そして不祥事が多い状況を見ると、消費者を軽視しているのではないかとも思えるぐらいである。しかし、例えば車、石油そしてタオルなどの業界では、環境への配慮は本業に深くかかわっている。

　池内タオルはCSRのためだけに環境問題に力を入れているのではなく、自社商品の売り上げ増大、コスト削減に結びつき、収益力強化に貢献するから環境

に力を入れているとのことである。池内タオルのこうした施策はGreenwashing，つまり，うわべだけの欺瞞的な環境訴求ではなく，まさに本物の環境経営である。

　本稿は，企業の復元力について，いかに外部環境が厳しくなり，危機に直面しても，リスクを直視し，企業の内部資源，特に企業ビジョン，理念を持続させ，柔軟な思考で克服していくかという点を検討しているが，池内タオルはまさに，こうした3要因を具現化している企業といえる。

　リスクの直視の面では，東南アジアとの低価格化競争を回避し，OEMという名のもとでの下請生産では，連鎖リスクは繰り返すという点を確認している。

　企業ビジョン，理念の面では，「環境にやさしい」というコンセプトを明確なビジョンとして打ち出し，水，風，オーガニック・コットンの3つの面で実行している。池内タオルの経営ビジョンでは，次のように明確なメッセージが示されている。

母親が自分の命より大切にする赤ちゃんに安全なタオルを届けたい！

最大限の安全と最小限の環境負荷。地球環境との調和が商品開発の基本です。
"オリジナルであること"を念頭に社員一同が納得いく製品つくりを方針にしております。
安易に買換えを促進するような即物的な商品つくりは弊社の方針にありません。

　柔軟な思考の面では，こうしたビジョンやリスク直視を踏まえた上で，自社ブランドによる高価格化戦略の実施，機械のみによる生産工程から手作業の実施（裁断工程では有機栽培綿を使用しているために，はさみによる裁断の方が不良品を抑えられる），コンピュータによる生産工程のシステム化，少量単一製品を世界マーケットで販売，ネット販売を重視などの戦略が考えられる。こうした3つの面を上手くブレンドさせたのは，池内タオルの2代目社長のリーダーシップによるところが大きいといえる。池内氏の危機克服は3つの面を適切にブレンドさせていったからだともいえる。

　池内タオルのその後の業績は次の通りである。2010年2月期の売上3億6千万円，自社ブランドの売上率は95％を占めている。倒産前の売上は8億であったが，内容は異なる。もし同社が連鎖倒産という危機に直面していなかったら，

そして上記で見た3つの思考がなかったら，池内タオルの今日はなかったと思う。

　2012年3月，筆者は池内氏とお会いし，いろいろとお話を伺うことができたが，その際，筆者の質問に対し，上の「3つの思考がピタッと合い，危機を乗り越えつつある」という表現をされた。復元力のあるリスク・マネジメント思考のもとで，2015年には年商5億の扱いを示している。こうした発展は今治の地域活性化にも貢献しているといえよう。

②酔仙酒造：瓦礫から突き出た酒樽が企業存続の意義を思い出させてくれた

　酔仙酒造は陸前高田，大船渡両市の8つの造り酒屋が，1944年に合併した「気仙酒造」が前身である。看板銘柄の「酔仙」は，2007年と2008年に全国新酒鑑評会で金賞を受賞した。その後，中国に販路を拡大するなど新規事業に乗り出していた。

　しかし，2011年3月11日に発生した東日本大震災により，社員と役員計60人のうち7人が死亡。従業員を3月31日付で解雇せざるを得ない状況となった。物的損害は木造4階建ての倉庫及びすべての建物が150本のタンクもろとも水面下に沈み，壊滅的被害を受けた。津波で酒造施設のすべてを失ったのである。

　同社社長は当時を振り返り，次のように述べている。「じっとしていると，心が壊れそうでした。正直，もう終わりだと思った。このまま終わりにするか，もう一歩前に進むか，2日，3日と悩み続けました。しかし，震災から数日後，瓦礫の山から突き出した鉄骨に，酔仙と名前が入った樽がぶら下がっているのを偶然見つけた時，それが単なる偶然ではなく，誰かが自分たちの背中を押しているように思えた。津波ですべてを失ったにもかかわらず，この偶然，引っかかった酒樽が"酔仙ここにいるよ！"と頑張っているようで，見えない力が酔仙の「復興」に向けて背中を押しているようだった」と述べ，復興への意思を固めた時の心境を語っている。[24]次の写真（図表1-7）がその時のものである。

　社長の発言に，「見えない力が復興の後押しをしてくれているようだった」という表現がある。これは筆者の理解では，社長が偶然見つけた瓦礫の山から突き出た鉄骨にぶら下がっている酔仙と名前が入った酒樽が，酔仙の存続の意義を視覚に訴えて思い出させてくれたのではないかと思う。それと同時に，同社

の経営ビジョンである「清酒の製造と販売を通じ，その技術と文化を後に残すこと。酔仙の目指すものは，「良いお酒をつくり，それを召し上がったお客様が良い気持ちになるよう，その技術と心を人から人へ伝え続けること」も，社長の頭によぎったのではないかと思われる。

筆者はこの事例でも，すでに検討してきた「仕事の意味や企業存続の意義にかかわる基本的原理」であるスピリチュアルなものを見出すことができる。

図表1-7 瓦礫から偶然出てきた酔仙酒造の酒樽

出所：同社ホームページより。

こうして酔仙酒造は，復興への一歩を踏み出していく。津波で醸造施設のすべてを失った酔仙酒造は，醸造を再開するにあたって仮の工場を探す必要に迫られていたが，ここでも大きな力に背中を押された。それは，同業他社であり酔仙酒造と同じく岩手県酒造組合に所属する「岩手銘醸株式会社」の協力である。岩手銘醸社の協力で，酔仙酒造は岩手銘醸社の伝統ある醸造施設を借り受けることができるようになったのである。復元には「サポーターの存在」が必要であるが，こうした同業他社，しかもライバル会社からの支援を受けることができたのである。同業種で酒文化を互いに伝えていこうとするスピリッツを感じることができる。

　2011年9月には新酒の仕込みを開始し，今期の醸造を始める。2012年8月には新工場「大船渡蔵」が完成し，酔仙酒造は復興への道のりを着実に歩き出した。

　酔仙酒造の復元にかかわるもう1つの事項は，柔軟な思考でのマーチャンダイジングであろう。すなわち自社ブランド製品を，被災前の200近い商品から大幅にしぼり，主力商品の「雪っこ・上撰・純米酒・連続式焼酎」など20アイテム以下に抑えて販売再開したことである。もう1つの柔軟な思考は，被災地応援ファンドの活用である。1口約1万円（5,000円の義援金と5,000円の投資金）のファンドを多数の人から募り，経営資金の1つにしようとするものである。当時の参加人数は796人，募集総額は3,000万円であった。投資と人々の志を合体させた仕組みを活用する試みである。

　酔仙酒造の社長は当時を振り返り，いくつかの教訓を述べているが，特に復元力との関連では，①家族，社員，地元，日本中からの支援に感謝すること②被災時には，会社として地域に何ができるのかを想定し訓練しておくこと③非常時に適切な行動がとれるよう，社員には人間力が鍛えられるような社員教育をしていくこと④家，会社はどういう自然災害リスクにさらされているかを事前に冷静に想定し，対応しておくことなどが示されている。[25]

　東日本大震災による壊滅的損失により生じた「じっとしていると心が壊れそうでした。正直，もう終わりだと思った」というネガティブな感情の悪循環から脱出させてくれたのは，瓦礫の山から出てきた酔仙の酒樽であった。そして，心のサポーターとなる多くの支援者（家族，社員，地域の人，ファンドへの出資者，そしてライバル企業も）への感謝の気持ちがネガティブな感情をポジテ

ィブな感情に移行させてくれ，復興への道を歩み続けてこられたのではないだろうか。こうした逆境経験をもとにいくつかの教訓を得た同社にはレジリエンス力が確実に備わったといえる。

6 レジリエンス思考のマネジメント・プロセスとチェック・ポイント―結び

　本章はビジネスにおけるレジリエンス力について，単に危機に強い企業という視点からだけではなく，さらに社員や利害関係者の幸福感も持続させるにはどうすればいいのかという視点からも検討している。事例や理論面の検討を通して，レジリエンス力に必要な諸要因を指摘してきたが，ここでは，ビジネス・レジリエンス力の多くはコントロール可能なものであるという視点から，ソフトな面である社員や経営者の内面から見たビジネス・レジリエンスにかかわる重要な要因を踏まえて，ハードな面にかかわる具体的施策も必要に応じ付加しながら，レジリエンス思考のマネジメント・プロセスとそのチェック・ポイントを検討する。

　最初にビジネス・レジリエンスのマネジメント・プロセスを示し，次に各プロセスにおいて重要なレジリエンス思考を示す。そして，これら各プロセスにおいて考慮すべき要因をレジリエンス思考時のチェック・ポイントとして検討する。

6-1　ビジネス・レジリエンスのマネジメント・プロセスとチェック・ポイント

　経営者や社員のレジリエンス力を起点として，企業のレジリエンス力を向上させるマネジメント・プロセスを示したのが図表1-8である。ビジネス・レジリエンス・マネジメント・プロセス（以下，BRMP）は，企業が平時において，BRMPに示されている諸要因がどの程度，備わっているか，備わっていない場合にどうすればいいのかという，チェック・ポイントとして用いることが有効である。

図表1-8 ビジネス・レジリエンス・マネジメント・プロセス

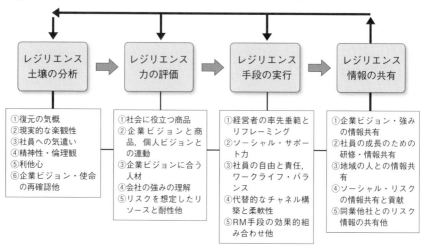

BRMPの第1段階は、レジリエンス土壌の分析である。自社には危機に強く、かつ社員や利害関係者を幸せにし得る土壌がどの程度あるのかを分析することから、このBRMPは始まる。

BRMPの第1段階では主に経営者がかかわるべき諸要因、しかもその多くは目に見えないが極めて重要な精神資産を含む無形価値の要因の分析が重要となる。具体的には、次の諸項目のレビューである。

6-6-1　第1段階：レジリエンス土壌の分析
①経営者の復元にかける気概・熱い思い

自社に危機に強いレジリエンス力の土壌があるかどうかは、一言でいって経営者の再起、復元にかける情熱、本気度がどれだけあるかによる。社員は企業破綻による不安感でいっぱいである。そうした状況下、経営者は復元のためのシナリオをリスクを直視しながら、社員に説明し安心させることがまず重要である。経営者自身、特に資金対応面でどれだけの貢献ができるかの自己開示はもとより、営業面、商品面、様々な側面での復元にかける具体的シナリオの開示により、経営者の復元のための気概・思いを社員に示し、社員の安心感、信頼を取り戻すことがまず重要である。

②経営者の現実的な楽観性

　企業破綻時,経営者の今後の対応や将来に対する見方が悲観的なのか,それとも現実を押さえながらも胆の据わった楽観性を示すのかにより,社員からの信頼や安心感の獲得には差が出る。楽観性とは「将来に対してポジティブな期待を保持する考え方」であり,具体的には逆境下で「なぜそのようなことが起きたのかについての原因分析,どれだけの長さでかつどれだけの範囲で影響するのかという将来の予測について思考し,全社員に説明すること」[26]が重要である。逆境状況を現実を押さえながら捉える楽観性が必要であることは,これまでの研究や本稿で検討した内容からもいえる。

③経営者の社員への気遣い

　経営者はこれまで社員とのかかわりにおいて,1人の人間として相対してきただろうか。企業風土が企業行動の多くを決めることが多いが,この企業風土は,経営者が社員をどのように見てきたか,どのように扱ってきたかを見ればわかるといわれている。社員を単なる売り上げ向上のための一員として見るのか,1人の人間としてみて,社員の成長を後押しする形で対応するのかにより,社内の風土や雰囲気が変わる。経営者と社員との平時のかかわり合いにより,危機発生時の社員からの信頼獲得や社員の安心感の持ち様が変わる。

④経営者の精神性,倫理感

　職場における精神性(スピリチュアリティ),特に経営者の精神性,倫理観は企業経営の原点である。こうした側面が逆境時に社員や利害関係者からの信頼獲得に結び付く。職場の精神性(スピリチュアリティ)とは,「仕事の意味や価値,目的意識を問い直す運動であり,職場における個人の精神的成長や潜在能力の開発を通じて組織としての持続的な成長や成功に繋がるという信念と実践」である。例えば,同僚の間における気配りの態度,社会的責任の志向性,顧客への強いサービス精神,環境意識の高さ,コミュニティへの貢献活動への深いかかわりなどである。[27]

⑤自利よりも利他

　企業は平時において，自己利益よりも利害関係者全体の利益を尊重する気持ちや施策を実行してきただろうか。すでに前掲，上田（2016）の第3章で検討されているように，自分だけが，自社だけが幸せになろうとすると，幸せは逃げていくといわれている。利他を重んじる姿勢と経営政策が，危機発生後の支援を得る原動力になり，それがレジリエンス力に繋がる。

　競争的市場において，利他を優先させる思考はとりにくいかもしれないが，社員とその家族の満足度，顧客サービス，地域住民などへの気遣いは利他の表れであろう。利他の結果として利益を得，それを利害関係者に還元していく。利他と利益は矛盾しないのである。

⑥企業ビジョンや企業使命の再確認

　これまで経営者は，創業時の企業ビジョンや使命を忘れた経営をしてきたのではないだろうか。逆境時，もう1度，原点に返り，企業ビジョンの再確認を行うことが重要である。このことも歴史が教えてきたことであり，本稿の事例でもこの点について触れている。

　BRMPの第2段階はビジネス・レジリエンス力の評価である。評価対象は企業ビジョンや使命，商品・サービス，販売，チャネル，人事，リスク・マネジメント，財務，戦略（マーケティング，経営），リスクへの耐性そして人間力を含む多方面にわたる。

6-6-2　第2段階：レジリエンス力の評価
①世の中に役立つ自社の商品・サービス

　すでに検討したように，「会社とは何か」の本質論からみて，商品・サービスは社会的問題の解決に役立つものかどうかという原点から，既存商品及び商品開発などを見直すことが重要である。社員からの自由なアイディア，しかもそれが現代の消費者ニーズに合致した商品化が可能なアイディアで，社会問題の解決に繋がるものかどうかが重要であり，復元力の後押しをしてくれるキーとなる。

②企業ビジョンと商品・サービス内容,そして個人のビジョンとの連動

　企業ビジョンと商品内容,個人のビジョンとが一致している企業の持続力やレジリエンス力は非常に強い。それらの一致が社員の幸福感を醸成させ,「フロー」状態も生起しやすい。この点についてもすでに事例で指摘した点である。

③企業ビジョンと合致する人材の採用

　人材採用時に企業ビジョンと合致する人材の採用を心がけるべきである。そうすることで,個人の幸せ感と同時に,仕事面でのパフォーマンス向上も期待でき,さらには逆境時のレジリエンス向上にも繋がる。

④会社の強みの理解と共有

　経営者,社員は,自社の競争的市場での強みを冷静に把握しているだろうか。このことに気づかないまま廃業をしている企業が多い。自社の弱みだけを認識するよりも,むしろ強みをさらに拡張・強化する施策を検討すべきである。逆境時の「自己効力感」がレジリエンス力に役立つように,企業の強みを経営者は勿論,社員との間においても共有し,常にその強みに磨きをかけることを忘れてはならない。

⑤リスクを想定した会社のリソースと耐性

　どういうリスクが発生した時に,どういうリソース(人,物,情報,有形・無形資産,アイディア,システム,信用,評判他)が自社にあるのかについて,事前に検討しておく必要がある。リスク・マネジメントは「プロ・アクティブ」思考つまり,「リスクを想定し,事前に手を打っておく」という思考が非常に重要である。そのことによって,慌てないし,コストもかからないことになる。

　企業内にリスクを想定したマニュアルがあっても,特に想定外のリスクが生じた時の企業対応は機械的なものになりがちであり,効果的な対応は期待できない。単純な機械的な対応を修正し,レジリエントな対応を行うには「リスク対応に関して広範で多様な対応レパートリーを多く持つこと(したがって柔軟思考が必要)」,「既存のやり方を効果的に再組み立てをする能力」,「情

報の共有能力」,「大混乱下でも感情を制御できる十分な能力」がなければならない。[28]

すでに検討したようにリスクには発生頻度とインパクトがあり,両者の積がダメージの大きさを示す。どういうリスクがマネジメントに影響を与えるのか,あるいは商品の生産に影響を与えるのか,自社のリソースでどれだけ対応できるのかなど,リスクへの企業耐性をリソースを踏まえて検討し,事業の継続性と復元力を管理していくことが非常に重要になる。

 第3段階はレジリエンス評価項目の実行である。第2段階での評価項目の実践を行うと共に,さらに次のような点での実行が必要となる。

6-6-3　第3段階：レジリエンス手段の実行
①経営者の率先垂範とリフレーミング

　逆境下にある時は,特に経営者の行動力が重要になり,資金対応は勿論,商品開発,クレーム対応,販売など,マーケティングや経営面における経営者自身の行動力が問われることはいうまでもないが,復元と成長を目指すには社員の内面に訴求する思考として,より重要な思考法がある。

　それは「リフレーミング」(reframing)といわれるものである。「リフレーミング」とは,心理臨床分野で使われている言葉である。バンドラーとグリンダー(R.Bandler,J.Grinder)は,「リフレーミングは,創造の非常に重要な要素である。それはありきたりの事柄を,有益な,あるいは楽しい枠組みに置き換える能力である」[29]といっている。わかりやすくいえば,視点を変えることにより,それまで見逃していた可能性を自らの中に見出し,何ができるのかの発見を促すという役割である。[30]いうまでもなく,この役割は経営者が担い発揮しなければならない。

　例えば,はとバスは1990年代後半,4年連続で経常赤字を計上し,借入金が70億円にまで膨らんだどん底状態にあった。そこから10年かけて復元したが,その時に「リフレーミング」が,はとバスの復元に貢献した思考であるという指摘もある。これまでの仕事のやり方に感じた違和感を見過ごさずに,その見直し(例えば,商品とパンフレット,オペレーションの見直し,プロ

モーションの見直しなど）を,「お客様の満足」を第1に考えることから始め,「お客様が利用しやすい定期観光への改革」をはとバスの中に用意されているリソースに真摯に向き合い,いかしたことが同社の再生に繋がり,この局面で「リフレーミング」が大きな役割を果たした[32]といわれている。これも,はとバスの復元に貢献した思考法である。

② ソーシャル・サポート力,ネットワーク力

普段からのネットワークによる情報共有を通し,利害関係者との「繋がり」の構築が重要である。利害関係者の中には同業他社が含まれることもある。自然災害リスクによる被災で壊滅的被害を受けた酔仙酒造が,同業他社からの支援を受けたケースはすでに検討したが,こうしたサポートも,「競合ではあるが良きライバルとしての普段からの信頼関係」から生じるのであろう。この点については,次の④にある「リスクを想定した代替的なチャネル・ネットワークのデザインと柔軟思考」とも関係している。

ソーシャル・サポートは,社員と共に利害関係者にサポートを提供し,かつ受け取るという,双方向の支えを築くことが重要である。サポート・ネットワークの有効活用を通じ,相手への共感を示し,復活のプロセスを社員一同,共に歩むことができる。

③ 社員への自由と責任の付与

すでに指摘したが,「フロー」を生むには社員に権限を委譲することが重要である。仕事の仕方において,それが拘束的に社員をコントロールするものではなく,仕事の遂行方法に選択の幅があり,最善の方法を見つけられるチャンスを社員に提供することが,信用と新たなアイディアを生み出す。ワークライフ・バランスなどは,その1つの方策である。こうしたことは,社員と会社との信頼関係を向上させる。この点は「フロー」理論において,その重要性がいわれている点も指摘した。

④ リスクを想定した代替的なチャネル・ネットワークと柔軟思考

大地震,津波,洪水などの自然災害リスクの発生により,原材料・部品などの調達リスクが顕在化すると,事業の継続がストップする。経営者が最も

憂慮すべき事態である。事業中断リスクに対する耐性を，サプライ・チェーン・リスク・マネジメントの視点から検討しておくべきである。例えば，部品の標準化，稼働状況の見える化などの対応は，柔軟な思考によるレジリエンス力の問題として重視されなければならない。

　また，サプライヤーの複線化，生産地の分散化も検討すべきである。ただコストの観点からは，こうした諸方策が高くつく場合があり，個別企業から見れば競争力の低下にも繋がる場合がある。リスクの特徴，自社のリソース，社会的責任などを考慮して検討すべきであろう。

　また自然災害リスクは特定の会社というよりも，地域，国を襲うソーシャル・リスクである。この種のリスクに関しては，業界全体で協力的な対応を臨機応変に行うことも重要である。

　平時には，競合他社とは対抗しているが，異常なソーシャル・リスクが発生した場合には，提携の取り決めに基づき提携戦略を実施する。通常は，競合他社としてお互いに競争しながらしのぎを削るが，予想しない甚大なソーシャル・リスクが発生した時には，自社の利益を超えて地域の利益を優先させパートナーとなって提携し合い，助け合うことが非常に重要になる。

　そのためには，本章の②でも述べたが，普段からお互いの存在を認め合い，ライバルとして，あるいは良きパートナーとしての関係性を保つことが非常に重要であり，レジリエンス力に繋がる。

⑤リスク・マネジメント手段の効果的なミックス

　BRMPの第2段階である「レジリエンス力の評価」で検討したいくつかの評価項目を適切に組み合わせながら同時に実施していくことが重要となる。リスク・マネジメント視点では，すでに検討したソフト・コントロールをベースとするリスク・コントロール策にリスク・ファイナンスをも加味させなければならない。リスク・ファイナンスでは単に金融機関だけではなく，広く利害関係者，民間からの資金サポートも，これまでの信頼関係が構築できていれば期待できる。

6-6-4　第4段階：レジリエンスのための情報共有

　これまで検討してきたことからわかるように，レジリエンス力の向上には多

様な要素が必要となる。それを情報の共有という視点から捉えておくことが重要である。われわれは情報により意思決定を下すのであるから，平時からの社員間，経営者と社員間，会社と利害関係者間，会社とコミュニティとの間で，次に見るような面での情報共有が重要となる。

- 企業ビジョンの再確認と浸透
- 自社の強みの再確認と共有
- 社員の成長機会の提供
- 地域の人々との交わり・情報共有
- 同業他社とのリスク情報の共有
- 地域のソーシャル・リスクの情報共有と自社の貢献他

[注記]
1) 本章は上田和勇（2016）『ビジネス・レジリエンス思考法－リスクマネジメントによる危機克服と成長－』同文舘出版，を改稿したものである。
2) 加藤敏，八木剛平（2009）『レジリアンス－現代精神医学の新しいパラダイム』金原出版，p.9。
3) 久世浩二（2014）『レジリエンスの鍛え方』実業之日本社,p.16。
4) 日本経済新聞，2015年11月22日。
5) 心理学者のYerkes RMとDodson JDが1908年の論文で示した。
6) note.chiebukuro.yahoo.co.jp/detail/n57098
7) 独立行政法人情報処理推進機構（2012）『組織内部者の不正行為によるインシデント調査報告書』p.10。
8) ミュンヘン再保険ホームページのtopics, 2002, p.35参照。
9) 林敏彦（2011）『大災害の経済学』PHP新書，pp.30-31。
10) 引頭麻実編著（2013）『JAL再生，高収益企業への転換』日本経済新聞社，第1章参照。
11) 前掲，引頭麻実編著，終章を参照。
12) この点の詳細については，前掲，上田（2016）第5章を参照されたい。
13) 上田惇生（2011）『ドラッカー，マネジメント』NHK，pp.40-41。
14) スーザン・A・ジャクソン，ミハイ・チクセントミハイ（2005）今村・川端・張本訳『スポーツを楽しむ：フロー理論からのアプローチ』*Flow in Sports: The Keys to optimal experiences and performances*,1999，世界思想社，pp.6-7参照。
15) 辻秀一（2008）『フローカンパニー』ビジネス社，p.3。
16) ミハイ・チクセントミハイ（2008），大森弘監訳『フロー体験とグッドビジネス』*Good*

Business: Leadership, Flow and the making of Meaning, 2003，世界思想社，p. ⅲ．
17）前掲，ミハイ・チクセントミハイ（2008）第6章，及び潜同文子（2003）「知識労働者の時代における企業の経営戦略としてのフローの意義」，今村浩明，浅川希洋志編『フロー理論の展開』第5章参照。
18）稲盛和夫（2006）『アメーバ経営』日本経済新聞社，p.124。
19）この点の詳細は，前掲，上田（2016）第4章参照。
20）www.keidanren.or.jp/japanese/policy/2010/043/jirei.pdf（2014，6，4．）。
21）井上達彦（2014）『ブラックスワンの経営学』日経BP社，主に第1章参照。
22）（財）企業共済協会発行（2015）『企業倒産調査年報』，2014年度倒産。
23）池内計司（2008）『つらぬく経営』エクスナレッジ，『日経ビジネス』（2010，5，3）pp.52-54参照。
24）金野靖彦（2013）「震災復興の現場から，岩手編」『keizai doyu』pp.5-6及び酔仙酒造のホームページ参照。
25）前掲，金野（2013）参照。
26）久世浩司（2015）『リーダーのためのレジリエンス入門』PHPビジネス新書，pp.46-47。
27）中牧，日置（2009）『会社の中の経営』東方出版，pp.164-165及び前掲，上田（2016）第4章参照。
28）Karl E.Weick, Kathleen M.Sutcliffe, *Managing the Unexpected-Resilient Performance in an Age of Uncertainty*, Second edition, John Wiley & Sons, p.81.
29）リチャード・バンドラー，ジョン・グリンダー，吉本武史，越川弘吉訳（1988）『リフレーミング―心理的枠組みの変換をもたらすもの―』星和書店，p.ⅵ．
30）栗木契，水越康介，吉田満梨編（2012）『マーケティング・リフレーミング』有斐閣，p.3。
31）心理におけるリソースとは「回復に役立つ来訪者の体験や性向，行動のパターン，認知の仕方，価値観などのすべてを意味する。幅広いリソースを確認することで，必要に応じてリソースを組み合わせて問題解決に取り組む心の働きが生まれる」。（前掲栗木他，2012）p.74。
32）前掲，栗木契，水越康介，吉田満梨編（2012）p.118。

タイ大洪水と事業継続計画

1 はじめに

　2011年は大きな自然災害が2つも発生した年である。1つは3月11日の東日本大震災であり、もう1つは10月に起きたタイの大洪水である。経済的な損害額において、前者は史上1位、後者は5位であり、上位5つの大災害のうち2つが同じ年に発生したことになる（図表2-1）。東日本大震災とタイ大洪水には、それが巨大な災害であったこと、同じ年にアジアの日本とタイを襲ったものであること、などの他にも重要な共通点がある。第1に、それらが想定外のものであるとされたこと、第2に、サプライチェーンが寸断されて、被害が直接の被災地のみならず極めて広範囲に、世界各国の企業に及んだことである。

　同じ「想定外」でも東日本大震災は「1000年に1度」、タイ大洪水は「50年に1度」の災害といわれるように、リスクの頻度は大きく異なる。リスクの強度についても、東日本大震災の経済的損害額は16.9兆円であるのに対して、タイ大洪水は465億ドル（約5.3兆円）である。しかし損害額に関しては、日本とタイのGDPは約500兆円と約32兆円であり、GDP対比ではタイ大洪水の損害額は東日本大震災の4倍以上であったことになる。

　一方、わが国の損害保険会社が東日本大震災の関連で支払った保険金は6,000億円であるが、タイ大洪水の損害に対して支払った保険金は9,000億円である。保険の加入率の違いはあるにせよ、保険金が9,000億円にもなったという事実は、タイにおける日系企業の集積はそれほど大きなものであったということである。日本の企業は、東日本大震災の傷から癒える間もなく2度目のダメージを被ったことになる。

　東日本大震災とタイ大洪水はそれぞれ別の災害であるが、それらを繋ぐキーワ

ードの1つが事業継続計画(Business Continuity Plan：BCP)である。2つの大災害はわれわれにサプライチェーンマネジメント(Supply Chain Management：SCM)とBCPの重要性を改めて認識させるものであった。東日本大震災とBCPの関係についてはすでに多くの調査・研究がなされている。その結論は総じてわが国の企業が策定していたBCPは十分には機能しなかったというものである。そうしたことの教訓と反省に基づいて，例えば内閣府は2013年にBCPガイドラインの三訂版を発行している。

　タイ大洪水とBCPの関係については，日本とタイの協力事業である「お互いプロジェクト」においてBCPが重要な役割を担っていること，またインドネシアなどで国際協力機構(Japan International Cooperation Agency：JICA)と東南アジア諸国連合(Association of Southeast Asian Nations：ASEAN)が共同でArea BCPのパイロット事業を実施しており，その辺の動きも概観したうえで，自然災害に対するレジリエンスの強化に必要とされるものは何かを考察することとする。

図表2-1　世界の巨大災害(経済的損害額によるランキング)

	巨大災害	発生年月	経済的損害額
1	東日本大震災	2011年3月11日	2,100億ドル
2	ハリケーン・カトリーナ	2005年8月	1,250億ドル
3	阪神・淡路大震災	1995年1月17日	1,000億ドル
4	中国四川大地震	2008年5月	850億ドル
5	タイ大洪水	2011年7月～11月	465億ドル

出所：ミュンヘン再保険会社など。

2 タイ大洪水

2-1 史上最大の洪水

2011年のタイの洪水は「50年から75年，あるいは100年に1度」ともいわれる大洪水である（Meehan, 2012, p.17）。それはタイの中央を縦断するチャオプラヤ川の流域で甚大な被害を出し，浸水は北部のチェンマイ県からチャオプラヤ川の河口に位置するバンコクまで77都県のうち65県に及んだ。洪水は660万ヘクタール以上に氾濫し，そのうち30万ヘクタールは農地であった。タイの主要な農産物であるコメの水田の1割が水没した。死者は884人，家屋喪失は数百万人，事業を中断した中小企業は557,637社，失業者は2,325,644人に上り，被害総額は465億ドルとなり，GDPの伸びは2.6%から1%に低下した（ADPC, 2014, p.4）。経済的な被害を大きくしたのはチャオプラヤ川流域の7つの工業団地が冠水したことである。10月4日のアユタヤ県のサハ・ラタナナコン団地を皮切りに，10月20日には7つ目のバンカディー団地に浸水した。

2-2 3つの想定外

タイ大洪水には3つの「想定外」のリスクがあったといわれる。第1に50年に1度の大量降雨であったこと，第2に，タイ北部にあるダムが放水のタイミングを誤ったこと，第3に洪水が工業団地の堤防を越えて団地内に浸水したことである（川村, 2012, p.6）。

チャオプラヤ川はピン川，ワン川，ヨム川，ナン川が合流するナコンサワンで上流と下流に二分される。チャオプラヤ川の流域面積は約16万平方キロであり，日本の総面積の44%，もしくは日本で最大の利根川の約10倍に相当する。

ピン川とナン川には，プミポンダムとシリキットダムという巨大なダムが建設されている。これらのダムは雨がほとんど降らない乾季の灌漑用につくられたものであり，それぞれ2年分と1.5年分の総流量を貯めることが可能である（沖, 2012, p.18）。タイは世界第6位のコメ生産国である。タイの就労人口の4割強，約1620万人が農業に従事するが，コメはその代表的な農作物である（読売新聞, 2015年8月2日）。チャオプラヤ川の流域にはその穀倉地帯が広がってい

るが，そこでは干ばつが洪水以上に深刻なリスクであり，そのためのダムである。

　チャオプラヤ川は日本の河川とは異なる緩流河川であり，河口から370キロのナコンサワンの海抜は20メートル，約100キロのアユタヤは7メートル，バンコクは5メートルであり，その勾配は1万分の1よりも緩やかである。そのためチャオプラヤ川の下流は集まる水の流下能力が乏しく，上流から下ってきた洪水は下流や支流の流域内で拡散される。この氾濫水域の拡大はいわば自然の洪水災害の軽減であり，上流の洪水はダムで貯水し，下流の洪水は広域に拡散させるというのがタイ国における治水の基本である（小森, 2012, p.4）。

　タイ国の多くは熱帯性サバナ気候であり，季節は5月から10月の雨季と，11月から4月の乾季に分けられる。2011年は例年より2カ月早く降水が始まったが，4月は平年並みの少雨であった。5月には過去30年で最大の月雨量を記録したが，2大ダムの貯水量は計画を大幅に下回る水準であった。6月下旬には台風4号HAIMAの影響による大雨でシリキットダムの貯水量が回復した。7月には台風8号NOCK-TENの影響で過去30年で最大級の大雨となり，ヨム川とナン川の合流点で洪水が発生し，両ダムの貯水量は回復した。8月も多雨のためダムの貯水量が想定を超え始めたが，ナコンサワンなどではすでに氾濫が始まっており，ダムの放流を控えざるを得なかった。9月は過去30年で最多の月雨量であり，シリキットダムは満杯となり，ナコンサワンからアユタヤへかけてチャオプラヤ川の流下能力を超える洪水が上流から押し寄せ，堤防を越える浸水が始まった。中旬には西側の水門が破壊されて大規模な洪水が発生し，下旬には東側の堤防が破壊されて洪水が東側に氾濫した。10月の雨量は平年並みであったが，9月下旬に東側に氾濫した洪水が南下して，工業団地が次々と冠水した。10月中旬以降は，洪水はバンコクを囲む外周堤防道路であるキングスダイクを越えて市内へ流入した。市北部に設置した巨大土嚢の堤防や，チャオプラヤ川の水位が下がったことで，洪水の南下はバンコク中心部から5キロのところで止まった（小森, 2012, p.7）。バンコク都知事が洪水の終息を宣言したのは12月2日である。

　9月中旬，キティラット・ナ・ラノン副首相がヘリコプターで工業団地へ飛び，洪水の危険性を警告したが，2010年に洪水が押し寄せた時にも大丈夫だったということで取り合ってもらえなかった。また9月30日に科学技術大臣が大

洪水の危険性を指摘したが,他の閣僚はおおげさだということで非難したとのことである(沖,2012, p.19)。

「平年の1.4倍の雨量」,あるいは「50年に1度の大量降雨」というのは,5月〜10月の総降水量が平年は1,000ミリであるのに対して,2011年は1,439ミリであったということであるが,1,000ミリ降る雨のうち,800ミリは蒸発や植物からの蒸散で失われるので流下するのは200ミリである。しかし多雨であっても蒸発する量が増えるわけではないので,流下するのは600ミリであり,これは平年の3倍である。つまり雨量が1.4倍だと流量は2〜3倍になるということである(沖,2012, p.20)[1]。これが第1の「想定外」である。

第2の「想定外」とされるのは,ダムの放流のタイミングを誤るという人為的なミスがあったといわれていることである。堤防の決壊や工業団地への浸水はプミポンダムが10月初旬に放流を開始した1週間後に発生した。もっと早く貯水量が50%の時に放流をしていれば今回のようなことにはならなかったとの議論である(Meehan, 2012, pp.18-19)。これは8月にナコンサワンでの氾濫が始まる以前に5月の貯水量を維持していれば,9月に総氾濫水量160億立方メートルの3分の1程度は放流を抑えることができたであろうとの計算である。半年後の降水量が定量的に予測できるなら別であるが,降水の季節予測は難しく,乾季の水資源確保の優先順位の高さに鑑みればやむを得ないことであったと考えられる(沖,2012, p.19)。

第3の「想定外」は,前述のとおり洪水が団地を囲む堤防を越えて浸水したことである。現実に洪水が押し寄せても,副首相が現場で警告を発しても,洪水が団地の高い堤防を越えて浸水するという事態は想定の範囲を超えていたということである。

2-3 日本企業の被害

タイに進出している日系企業の数は7,000社に上るがそのうちの約7割が直接・間接の被害を受けた。製造業では自動車関連を始めとして電機・電子・精密機械などの企業の9割に及び,非製造業についても物流や観光などの企業の4割に少なからぬ被害が生じた(川村,2012, p.5)。日系企業が海外でこれほどまでの被害を受けたというのはかつてなかったことである(小森,2012, p.9)。

冠水した7工業団地の全804社のうち449社が日系企業であった。7工業団地別の被災企業の数は図表2-2のとおりである。10月4日に浸水したサハ・ラタナナコン団地の排水日は11月30日, 排水完了日は12月4日であり, この団地に入居していた日系企業42社は2カ月もの間, 水に浸かっていたことになる。浸水日から排水完了日までの日数は, ロジャナ団地が50日, ハイテク団地が43日, バンパイン団地が34日, ファクトリーランド団地が32日, ナワワコン団地が52日, バンカディー団地が45日であり, いずれの団地も浸水状態は長期に及び, 日系企業の被害が大きくなった所以である。

　タイの中部には電子部品の工場が集積しており, 電子部品のサプライチェーンや精密機器の生産に大きな影響が生じた。タイは世界第2位（シェア43%）のハードディスク駆動装置（HDD）の生産拠点であり, 世界シェア3割のウェスタン・デジタルはHDD生産の6割をタイに依存している。ウェスタン・デジタルはバンパイン団地の工場が浸水被害を受けたために45%の出荷減となった。4大HDDメーカーの1つである東芝も浸水被害を受けたが, フィリピンで代替生産を行った。他2つのサムソンとシーゲートは直接の被害はなかったが部品の調達難で減産を強いられた。5大HDDメーカーの洪水後3カ月の出荷高は洪水前の3カ月より3割減少した。その結果HDDの価格はデスクトップが80～190%, モバイルが80～150%高騰した。洪水被害の影響は世界の消費市場に及ぶものであったということである（Haraguchi and Lall, 2014, pp.8-9）。

　HDD用モーターを製造するタイ日本電産は, ランシット工場（パトンタニ県）, バンガディ工場（パトンタニ県）, ロジャナ工場が操業を停止した。HDD用モーター部品のタイ日本電産精密は, アユタヤ工場とロジャナ工場が, HDD用ベースプレートを生産する日本電産コンポーネントテクノロジーのバンパイン工場（アユタヤ県）も操業を停止した（ロイター, 2011）。

　ロジャナ団地のニコンの工場はデジタル一眼レフの9割近く, 交換レンズの6割近くを生産する中核工場である。在庫は1カ月程度であり, 商品供給への不安も生じた。2012年3月までには通常稼働に戻すとのことであったが, 年間販売台数を540万台から470万台へと下方修正した（東洋経済, 2011）。バンパイン団地のミネベアは, HDDやファンモーターなど様々な機器に使われるミニチュアベアリングの世界シェア6割を誇るが, その過半をタイで製造している。洪水で5工場のうち2工場が浸水被害を受けており, HDD業界を中心に顧客の

稼働が低下し，需要が一時的に細る間接的被害も含めて，当期業績に与える洪水の影響を，売上高174億円，営業利益53億円の減少とした（東洋経済，2011）。

日本の自動車メーカーのうち唯一直接の被害を受けたのはホンダ自動車である。同社のロジャナ工業団地内にある四輪工場は，従業員4,000人，年産24万台の主力工場であり，完成車と共に部品の輸出拠点でもある。部品メーカーの被災により10月4日から生産を停止していたが，8日には自らが2メートル以上の浸水被害を被った。工場は完全に水没し，排水，設備の刷新などで，生産を再開できたのは半年後の2012年3月26日である。出荷待ちの完成車1055台も水没し，それらの解体・廃棄作業だけでも1カ月を要した。2012年3月の連結決算で1100億円の営業減益になるとのことであった（日本経済新聞，2012年3月26日）。

その影響は日本にも及び，ステップワゴンやフィットなどを生産する埼玉製作所（狭山市）では11月7日から生産ペースを通常より半減させることになった。ちなみに埼玉県からは60社の県内企業がタイに進出しているが，そのうちの41社がタイ洪水の被害を受けており，操業停止が26社，事業縮小が15社であった（読売新聞，2011年11月8日）。

ホンダの操業停止・生産調整は，ロジャナ団地が174日，バンコク工場が40日，鈴鹿製作所が28日，埼玉製作所が18日，北米の6工場が30日であり，グローバルの減産台数は15万台，1100億円の減益となった（Haraguchi and Lall, 2014, pp.6-7）。

トヨタは10月10日から11月12日までタイ工場の稼働を停止したが，その結果，部品調達が滞り，インドネシア，フィリピン，マレーシア，ベトナム，南アフリカの各車両工場での生産調整を行い，北米の工場でも時間外操業を取り止めた。その間の減産台数は，グローバルで約15万台である（ロイター，2011）。

部品が調達できないために生産を休止していた日産自動車，マツダ，三菱自動車は，部品調達にめどをつけ，11月14日，ほぼ1カ月ぶりに生産を再開した。日産自動車の減産台数は約4万台，三菱自動車の減産台数は約2万3,000台である。いすゞ自動車は11月21日からタイ工場を再稼働した（ロイター，2011）。

三洋半導体は移転を選択して2011円12月25日に工場を閉鎖した。三洋半導体は米国フェニックスのオン半導体（ON Semiconductor Corp.）の一部門であるが，1990年以来アユタヤで，同社製品の5％〜10％を製造していた。東芝，

カシオ計算機，ソニーも移転を選択した企業の一部である。

アユタヤ県のハイテク工業団地は12月中旬に部分的に操業を開始したが，2カ月間にわたる操業の停止に追い込まれていた140の工場のうち再開できたのは自動車部品メーカーのAAPICO Hitech Public Co. Ltd.やインクジェットプリンタを製造するキャノンなど10社に過ぎなかった。ハイテク工業団地は電気，水道などの復旧に320万ドル以上を費やし，全長6.8マイル，高さ17.7フィートの堤防を再建するのに1,050万ドルを要する見込みである。ちなみに既存の堤防の高さは13.8フィートであり，浸水はピーク時には16フィートに達した。堤防再建の資金は銀行ローンであり，団地の使用料を2倍に値上げする。団地から移転する企業は3%程度とのことである（Wright, 2012）。

2012年1月にJETROタイ事務所が直接被災した日系企業の事業再開時期を調査した結果によれば[2)]，「再開済み」は22%，「2012年第1四半期」が34%，「2012年第2四半期」が28%，「2012年後半」が2%，「目途立たず」が8%であり，「再開断念」は0%であった。製造業と非製造業では，前者の方が再開は早いという傾向が見られる。復旧後の事業規模については，「現状維持」とするのが直接被災企業の52%，間接被災企業の64%であり，「規模縮小」が38%と22%である（川村，2012, pp.5-6）。

2014年12月の現地調査の時点では，7つの工業団地では防災対策が進み，日系企業を含む8割が操業を再開していた（読売新聞，2014年12月2日）。洪水前に240社が入居していたロジャナ団地では，前述の三洋半導体を含む約2割が撤退していたが，2013年から新規進出も始まり，一時は198社まで減少していたのが210社に回復した。ロジャナ団地は周囲73キロを海抜6メートル超の防水壁で囲むなど防災対策に約70億円を投資した。タイへの直接投資額は2012年が前年比倍増の5,490億バーツ（約1兆8,000億円），2013年も4,789億バーツ（約1兆5,000億円）であり，そのうちの6割が日本であった。

第2章 タイ大洪水と事業継続計画

図表2-2　7工業団地の洪水被害

工業団地 （冠水日・排水日・排水完了日）	被災企業数	被災企業の例
サハ・ラタナナコン （10月4日・11月30日・12月4日）	42社中，日系35社	味の素，丸順
ロジャナ （10月9日・11月7日・11月28日）	218社中147社	ホンダ，ニコン
ハイテク （10月13日・11月8日・11月25日）	143社中100社	キャノン，ソニー，HOYA
バンパイン （10月14日・11月8日・11月17日）	84社中30社	日本電産，帝人，ミネベア
ファクトリーランド （10月15日・10月26日・11月16日）	93社中7社	中小メーカー
ナワナコン （10月17日・11月18日・12月8日）	190社中104社	NEC，ローム
バンカディー （10月20日・11月25日・12月4日）	34社中28社	東芝，江崎

出所：日本経済新聞，2011年10月23日，ジェトロバンコク事務所「タイの概況とアセアン経済」2014年12月（現地調査時に入手）などを基に筆者作成。

3 事業継続計画

3-1　わが国におけるBCPの動向

　米国と英国でBCPとその原型である災害復旧計画（Disaster Recovery Plan：DRP）が広く注目されるようになったのは，DRPが1980年代，BCPが1990年代のことである。1983年には米国通貨監査局がDRPの策定を，1989年には連邦金融機関検査委員会がDRPの文書化などを金融機関に義務付けた。BCPの普及啓蒙活動を行うDRI Internationalが設立されたのは1988年である。DRPに替わってBCPという用語が使用されるようになったのは，1988年にロサンゼルスで起きたファースト・インターステート銀行のビル火災が契機であったとされている（野田，2006, p.69）。そのBCPの有効性を内外に強く印象付けたのは2001年9月11日の同時多発テロであった。

　わが国でも，いわゆる西暦2000年問題はもちろんのこと，1995年には阪神・

淡路大震災が，2004年には新潟中越地震があり，さらには史上最多の台風上陸もあり，BCPへの関心は急速に高まった。しかし当時，BCPを策定済みの企業は15％（策定中を含めると49％）であり，これは米国の62％（策定中を含めると96％）と比較してもかなり遅れている状況にあった（杉野，2007, p.74）。

そのため2005年には，経済産業省が「事業継続計画策定ガイドライン」を，内閣府が「事業継続ガイドライン（第一版）」を，2006年には中小企業庁が「中小企業BCP策定運用指針第一版」を公表した。国がBCPの普及を積極的に推進することとしたのは，それが社会全体のレジリエンスの強化に繋がるからであり，10年間で中堅企業の半数以上がBCPを保有することを目標とした。

その後，BCPを策定（策定中を含む）している企業の割合は，2009年11月時点で，大企業が7割強，中堅企業が4割弱であり，上述の目標は平成32年に延期されている。2011年の東日本大震災に際しては，BCPが十分には機能しなかったとされており，その理由の1つは「想定外」の事態に，もう1つは「サプライチェーンのリスク」に対応できなかったことである。BCPとは，本来はあらゆるリスクを対象とすべきものであるが，わが国のBCPはそのようなものになっていなかったためである。

例えば茨城県ひたちなか市にあるルネサスエレクトロニクスの那珂工場ではエンジンや変速機の制御に不可欠なマイコンの生産が停止した。自動車の場合，1週間の生産停止は6千億円以上の減収になるといわれる。当初SCMの正常化には1～2年はかかるとされたが，同社をはじめ完成車，半導体製造装置メーカーなどからの応援も含めて延べ17万人が復旧に取り組んだ結果，80日間で供給を再開することができた（日本経済新聞，2016年1月24日）。しかし問題は，自動車は3万個の部品からなり，その供給業者は2次から10次以上にもわたる中で自動車メーカーが把握していたのは1次メーカーのみであったことだ。なおサプライチェーンのリスクについては，震災関連の倒産は平成25年11月の累計で1327件であるが，そのうち東北地方の件数は230件（17.3％）でしかなかったという事実がある[3]。

わが国では東日本大震災を契機としてBCPを導入する企業が増加した。ヤフー本社は2013年にリスクマネジメント室を設置してBCPを策定した。JTBはBCP用のシステムを構築し，クラウドサービスを利用し，西日本にもサーバーを設置することにした。イオンは2016年春に，花王など取引先約40社と連携

し，災害時の緊急システムである「BCPポータルサイト」を設けることにしている（日本経済新聞，2016年1月24日）。ちなみに平成25年8月に策定された内閣府の「事業継続ガイドライン第三版―あらゆる危機的事象を乗り越えるための戦略と対応―」で新たに盛り込まれたのは，第1に，BCPは経営戦略であること，第2に企業間，地域，業界との連携が重要であること，第3にBCPは有効な投資であること，第4に，企業評価の仕組みが構築されていることである[4]。

大企業と中堅企業については上述のとおりであるが，問題は中小企業への浸透が1割程度でしかないことである（平成24年度中小企業庁調べ）[5]。中小企業用に作成された手引きは何種類もあるが，手引きがあれば策定できるという問題ではない。中小企業が必要とするのは，第1に外部からの支援であり，第2に，勉強会や交流会などの場である（丸谷，p.17）。実際にそうした取り組みは国・地方自治体や地域のレベルで拡がりつつある。例えば東京商工会議所の「BCP策定講座」，静岡県の「静岡県BCP普及研究会」「BCP指導者養成講座」，東京都の「中小企業のBCP策定推進研究会」，国土交通省関東地方整備局の「建設会社のための災害時の事業継続ガイドライン」などである。

さらに近年の動向としてはBCPを個別企業のみではなく，地域の全体で導入するという試みがなされている。地域防災とBCPが一体化されたものである。それはBCPを実効あらしめるためには，地域内の企業が連携してBCPを策定し運用していくのが望ましいという考え方に基づくものである。DCP（District Continuity Plan）あるいはACP（Area Continuity Plan）などと呼ばれるものである。DCPに関する統一的な定義は存在しないが，例えば「立地する企業の事業継続に資するため，災害の防止や応急対応，復旧・復興の在り方について記された計画」などと定義するものがある（西川等，2007，pp.101-104）。

3-2　東アジア諸国における BCP の状況

図表2-3はアジア防災センター（Asian Disaster Reduction Center：ADRC）がアジア太平洋諸国におけるBCPの状況を調査した結果である。調査期間は2011年6月～11月，「文書化されたBCPを有しているかどうか」などの調査項目に対して，17カ国の145社から寄せられた回答を取りまとめたものである。

「策定済み／策定中」が80%～90%の日本，ニュージーランド，米国はとも

かく，その他の東アジア諸国については，「策定済み／策定中」の割合が高い国と低い国に二極化されている。前者はシンガポール，インドネシア，フィリピンであり，後者はタイ，ベトナム，マレーシアである。タイ，ベトナム，マレーシアは「BCMを知らない」とする割合がそれぞれ57.1％，87.5％，85.7％であり，認知度の低さがそのまま「策定済み／策定中」の少なさになっていることがわかる。

規格・ガイドラインなどは，シンガポールとインドネシアをはじめタイとマレーシアにも存在している。両国については，規格などがあるにもかかわらずBCPはそれほど取り入れられていないということになる。

BCPが策定されない理由として多いのは「BCPに関する知識がない」「人的資源がない」「BCP策定に必要な情報がない」という3つである。

図表2-3　諸外国におけるBCPの普及状況

	策定済み	策定中	（合計）	策定しない	知らない
インドネシア	31.3	6.3	37.6	18.8	43.8
日本	70.0	17.5	87.5	12.5	0
韓国	18.8	6.3	25.1	31.3	43.8
マレーシア	14.3	0	14.3	0	85.7
ニュージーランド	20.0	60.0	80.0	20.0	0
ペルー	14.8	18.5	33.3	37.0	29.6
フィリピン	27.5	7.5	35.0	17.5	47.5
ロシア	33.3	0	33.3	25.0	41.7
シンガポール	57.6	12.1	69.7	27.3	3.0
台湾	20.0	6.7	26.7	46.7	26.7
タイ	0	5.7	5.7	37.1	57.1
米国	80.0	10.0	90.0	0	10.0
ベトナム	12.5	0	12.5	0	87.5

出所：ADRC（2011, p.15）の図表（BCP development status by economy（Do you have a written BCP?））を基に筆者作成。

3-3 諸外国のBCP普及策[6]

3-3-1 シンガポール

　BCMの規格であるSS 507：2004とSS 540：2008はスプリングシンガポールが国際標準機構の委員会に提案した7つの規格の一部である。シンガポールのBCM規格は任意のものである。しかしシンガポール規格の前身であるTR19を発行した際には，BCMは政府調達業者となるための条件の1つであるとされた。新しいシンガポールの規格であるSS ISO 22301は2012年の国際規格に基づくものであり，それ以前の規格にとってかわるものである。2008年にBCMの普及と認証の取得を促進させるためのBCMプログラム基金が設立された。基金を拠出したのはスプリングであり，運営はシンガポールビジネス連盟（SBF）が行っている。5年間の基金は3,000万ドルに上り，BCMを民間セクター，中でも中小企業の間に浸透させるものであった。企業は国家BCMフォーカルポイント（SBFのこと）を通じて資金援助の申請をする。大企業は30%，中小企業は70%までの援助を受けることができる。資金が供与されるのはBCMの認証を取得した後であり，要員の教育からコンサルタントの起用まで，1つのプロジェクト当たり18カ月から24カ月まで認められる。2008年の開始以来，このプログラムの受給者は200社以上であり，その半数は中小企業である。それら企業の認証はSS 540であるが，そのプログラムは2014年に終了した。しかしシンガポールの中小企業は，スプリングが新たに始めたキャパシティ・デベロップメント・グラントによって同様の資金援助を得ることができる。その場合のBCMはSS ISO 22301：2012に基づくものである。シンガポールのBCPがアジア諸国の中では高い普及率を誇るのはこうした政府の取り組みの成果である。シンガポールにおけるBCM普及の中心的な組織であるSBFは，なお一層の認知度向上のためにBCMアウォードやBCMアンバサダープログラムなどを続けている。またフライヤーを出したり，BCMの成功例をユーチューブで放映したりしている。

3-3-2 韓国

　2007年，「災害軽減のための企業の自律活動支援に関する法律」が制定された。この法律に基づいて国家緊急事態管理庁（National Emergency Management

Agency：NEMA）は企業のために防災活動の標準を発行し，その従業員の教育・訓練を支援する。防災プログラムを履修した企業は認証を申請することができる。認証を取得した企業には，入札，調達，施設の建設，サービスの提供，保険料の割引，税軽減，復旧のための財政支援などの優遇措置が与えられる。同法はさらにBCMと防災活動のための情報交換や能力向上の場となるプラットフォーム（協会など）の設立を奨励している。「政府のBCP策定企業支援法」は同法のもとで作成されたフレームワークの1つである。この法律に基づいてNEMAは2013年にBCP普及策を開始した。それは教育とインセンティブという2つの段階からなるものである。雇用保険に加入している企業の場合には，BCP導入のための訓練費用が給付され，8つの公認訓練機関から訓練とコンサルティングサービスを受けることができる。NEMAはそのうちの1つの機関を選んで企業のBCPを評価させ，基準を満たした企業にはBCP優秀企業の認証が下付されて，軽減税，融資条件，保険料，土地使用などの面で優遇制度が用意されている。さらに労働省は韓国防災協会（Korea Disaster Prevention Association：KDPA）に無料のISO 22301訓練コースを設置するための費用として25万ドルを供与した。最初の訓練コースは2014年5月に始まり，KDPAの会員企業が参加したがほとんどは中小企業であった。大学教授や著名なコンサルタントによる105時間のコースである。プログラムの内容は毎年労働大臣が見直し，年間300社の中小企業の参加が見込まれている。訓練を終了した参加者はNEMAによる認証試験を受験することができる。

3-3-3　オーストラリア

　AS/NZS 5050 Business Continuity-Managing Disruption-Related Riskはオーストラリア・ニュージーランド規格協会が2010年に発行したものである。それ以前のHB 221-2004-Business Continuity Handbook, HB 292-2006-A Practitioner's Guide to Business Continuity Management, HB 293-2006-Executive Guide to Business Continuity Managementに替わるものである。AS/NZS 5050：2010は事業中断リスクへのAS/NZS ISO 31000：2009 Risk Management-Principles and Guidelinesの適用があるものとし，組織が採用することのできるリスク対応の選択肢に焦点を当てている。インシデントによって組織の継続がどのように脅かされるか，それに対して組織のマネジメント能力をいかに構築し，

BCPをいかに準備すべきかを規定するものである。オーストラリア国家監査局（Australian National Audit Office：ANAO）が2009年に作成したガイドラインである Business Continuity Management-Building Resilience in Public Sector Entities は公共事業体のトップによるBCPの策定を支援するためのものである。それはBCMの基本コンセプト，実践的なアドバイス，事例及びオーストラリアと国際的なBCMガイドラインの参照からなるものである。その前身は2000年の Business Continuity Management：Keeping the Wheels in Motion であるが，その後のブラジル及び国際規格の進展に鑑みて，ANAOが更新したものである。オーストラリア産業省は産業界の情報センターとしてビジネスポイントエントリーイニシアティブ（business.gov.au）を開設した。そのウェブサイトには行政サービスや財政支援の情報はもちろん緊急事態マネジメントや事業継続戦略に関する情報が集められている。州や地方自治体のウェブサイトにもあらゆる業種のための災害対策の情報が掲載されている。例えば南オーストラリア州政府のウェブサイトは無料のBCPテンプレートを提供している。クイーンズランド州政府のビジネス産業ポータルはBCPの全体がわかるウェビナールとウェビソードを開始している。ニューサウスウェールズ州政府は事業継続と災害復旧に関する情報と事例研究を掲載するウェブサイトの資金を供与している。クイーンズランド北東海岸にあるタウンズビルは，2012年3月の大嵐の教訓から，事業者が災害の前，最中，後に必須な情報を得ることのできる"ビジネスレジリエンスへの鍵"と呼ばれる情報提供の試みを始めた。そのツールキットは商工会議所・インダストリークイーンズランドとクイーンズランド州政府が共同で作成したもので，BCPテンプレート，チェックリスト，ウェブ情報，緊急連絡先などを含むものである。さらにデータのバックアップや保険請求についてのアドバイスも行う。そのキットはタウンズビルの企業にはUSBメモリで配布されている。

3-3-4　ニュージーランド

　2010年と2011年，ニュージーランド第2の都市であるクライストチャーチは2度の大地震に見舞われた。こうした経験からニュージーランドでは防災の認知度を高め，インセンティブスキームを導入するための数多くの施策がなされてきた。ニュージーランドシェイクアウトは地震防災のための6カ月間のナシ

ョナルキャンペーンである。それは2012年9月26日朝9時26分の全国一斉の地震訓練に繋がった。それには全国民の30%が参加し，ニュージーランドでは最大の地震防災の訓練キャンペーンとなった。その目的の1つは地震発生時のとるべき行動である"かがめ（drop），かぶれ（cover），つかまれ（hold）"を国民に会得させることである。企業にも防災準備とBCPの振り返りが求められた。2012年のシェイクアウトレポートによれば，参加者の93.4%は，キャンペーンは成功であったとし，95.9%は次回のキャンペーンを期待するとのことであった。

レジリエントビジネス（http://www.resilientbusiness.co.nz/）はオークランド評議会が支援しているウェブサイトである。その目的は民間企業がその規模に応じた効果的な戦略をとることによってよりレジリエントになることである。それはBCPを持つことの価値を示し，中小企業のための事業継続ガイド，BCPの基本と応用テンプレート，チェックリストを含む無料の事業継続パッケージを提供するためのリソースセンターである。さらにレジリエンス戦略や事例研究のビデオを個人事業者，中小企業，大企業に提供している。企業はウェブサイトにある5分間事故評価ツールによって自らのレジリエンスの程度を評価することもできる。

4 タイ大洪水とBCP

4-1　中小企業の災害レジリエンス[7]

タイ大洪水では55万7,637社の中小企業が事業の中断を余儀なくされ，232万5,644人が職を失い，月間の損害額は711億5,642万バーツに上った。業種別の内訳は，貿易・修理業が264,572社，サービス業が16万3,976社，製造業が10万2,892社であった。製造業では食料・飲料業界が，次いで繊維・衣料品業界が大きな影響を受けた。地理的にはバンコク市内の企業が17万7,776社，バンコク市外の中心部の企業が13万2,973社であり，その他にはアユタヤ県とパトンタニ県の企業が多かった。日本を含む東南アジア諸国と同様に，タイでも企業数において圧倒的多数を占めるのは中小企業であり，その限りにおいてはこのよ

うに多数の中小企業が被災したことも不思議ではない。しかし問題は，アジア財団とタイ商工会議所大学経済産業予測センターが被災中小企業を対象に行った調査によれば，自然災害に対する備えが「非常に良かった（very high）」とする企業はわずか2.1%であり，「まったくなかった（not ready at all）」とする企業が32.4%もあったことである（ADPC, 2014, pp.4-5）。これは防災に関する法的・制度的なメカニズムに不備があったこと，洪水リスクに対する認知度が低く，災害リスクに関する情報が欠如していたこと，防災・減災をしようにも予算の制約があり，専門性も不足していたこと，によるものである（ADPC, 2014, p.5）。タイにおけるBCPの取り組みは，こうした点を踏まえて，中小企業の災害レジリエンスを高めるためには政府の支援が不可欠であるということから始まったものである。

　タイにおける災害対策の基本法は2007年に制定され2010年から2014年に改訂された「国家災害予防軽減法」である。内務省のもとに災害予防軽減庁（Department of Disaster Prevention and Mitigation : DDPM）が設けられて国家災害予防軽減計画を策定し，国と地方自治体の関係部門が連携して統合的な災害対策を実行するためのフレームワークを決定し，指示するものとされている。同計画では災害対策を「予防・軽減」→「準備」→「対応・救済（緊急事態管理）」→「復興」というサイクルからなるものとし，第一部では「原則」を，第二部では14種類の災害ごとに「標準的な手続き」を，第三部では「国家の安全」にかかわることを規定している。

　中小企業の振興策を担うのが「中小企業振興局（Office of Small and Medium Enterprises Promotion : OSMEP）」であり，その目的は第1に，中小企業が活動するための効果的な環境を整えること，第2に，中小企業の競争力を向上させること，第3に，中小企業のバランスのとれた発展を支援すること，第4に，グローバルエコノミーに繋がるよう中小企業の能力を改善することである。災害対策は第1の範疇に属するものである。災害等によって事業中断のリスクが顕在化した際にOSMEPが行うのは，財政支援，資本の補強，租税支払・年金拠出の繰り延べ，キャッシュフローの改善，保険法専門家の提供，代替用地の提供，リスク・マネジメントと災害警告システムの推奨などである。

　2012年〜2016年の第11次国家経済社会開発計画では，災害によって開発が阻害されるリスクに鑑みて，民間セクターの対策としては，第1に，気候変動

に対応することのできる装置とメカニズムを創出すること，第2にBCPを導入すること，及情報通信技術の効果的な活用によって官民の連携を密にし，経済成長と生活の質を維持することによって，自然災害に備えること，を挙げている。

2011年11月，内閣はリスクマネジメント・危機管理とBCMのためのフレームワークを決定した。フレームワークに盛り込まれた5つの戦略は，第1に，水資源の管理，第2に，製造・サービスセクターの再構築に関する戦略，第3に，新経済エリアの特別開発，第4に，インフラ開発のための戦略，そして第5に，保険システムの開発，である。災害の軽減とBCMは第2の戦略に含まれるものである。後述の「お互いプロジェクト」もこのフレームワークで言及されているものである。

タイ大洪水の際は政府部門が十分には機能しなかったとの反省から，公共セクター開発委員会事務局 (Office of the Public Sector Development Commission : OPDC) は公共セクターのための危機管理フレームワークを内閣に提案し，2012年4月24日，内閣の決議として採択された。それは国と地方自治体，公立大学，国公営企業などを含むすべての事業体にBCPの導入を義務付けるものであり，①認知度を高めること，②パイロットプロジェクトの試行，③BCPの訓練・実践，④持続のマネジメント，という4つのステップからなるものとされた。OPDCは2013年，デロイトトゥーシュの協力を得て公共セクターのためのBCPのガイドラインを発行した。それはイギリスの規格であるBS25999-Business Continuity Managementに基づくものである。

タイのBCMに関する規格はTIS 22301-2556である。もともとはタイ産業規格協会 (Thai Industrial Standards Institute : TISI) がタイ産業規格法 (Thai Industrial Standards Act B.E. 2511 (1968)) に基づいて作成した2010年のTIS 22301-2553があり，2012年にISO 22301-Societal Security-Business Continuity Management Systemが発行されたのを受けて，交換されたものである。内容はBS25999-Business Continuity Managementをモデルとするものである。

4-2　タイのBCP

タイではBCPの普及度が非常に低かった。その理由の第1は，BCP/BCMに

関する法的フレームワークが不備であったこと，第2は，国としてもあるいは組織としても，BCPの教育訓練を指導することのできる専門家がいなかったこと，第3は，経営層及び従業員の間でBCPの認知度が低かったこと，第4は，BCPを導入するための予算がなかったこと，第5は，災害リスク管理及びBCPに関する適切な研究開発が欠如していたこと，第6は，効果的な早期災害警告システムがなかったことである（ADPC, 2014, p.32）。例えば災害対策の中心となるべき官庁は前述のDDPMであるが，専門性と予算の壁があって，民間企業のBCP導入を支援する立場には至らなかった。民間企業の経営者もタイ大洪水以前はそれほどの大災害は経験していないためにBCPのことはよく知らなかった。中小企業も同様であり，ほとんどの経営者は短期志向であり，もっぱら眼中にあるのは財政問題や利益のことであり，さらに自然災害はとらえどころのない問題と考える傾向があった。これはタイが"中進国の罠"に陥っているからであり，他の開発途上国との競争に負けないよう経済力の強化に邁進せざるを得なかったからである（ADPC, 2014, pp.31-32）。

　タイの中小企業は地震などの自然災害や政情不安などの災害に対しては脆弱であり，様々な政策や国の支援のスキームは存在したが，それらは緊急事態への対応や復旧に向けられたものであり，予防・軽減などの準備にかかわるものではなかった。BCPの訓練コースなどもないわけではなかったが，中小企業にはほとんど知られていなかった。しかしタイ大洪水の後は，中小企業のためのリスク・マネジメントと災害警告システムが中小企業開発計画（2012年～2016年）の一部として採用された。さらに国家経済社会開発計画（2012年～2016年），内閣再興開発戦略，公共セクター開発委員会事務局が提案した公共セクターのための危機管理フレームワークにもBCPのことが盛り込まれた。後述の「お互いプロジェクト」でもBCPが中核的な要素の1つであり，DDPMやOSMEPもBCPガイドラインのタイ版をウェブサイトに載せるなどして，中小企業へのBCPの普及に乗り出している（ADPC, 2014, p.64）。

　BCP普及のための取り組みの例としては，2014年12月にADPCが参画して行われた中小企業向けのBCPトレーナーを訓練するための会議がある。それはADRC，APEC緊急事態準備作業グループ，東京海上日動リスクコンサルティング株式会社，OSMEP，DDPM，タイ商工会議所，SME銀行（Small and Medium sized Enterprises Development Bank of Thailand），ソフトウェアパ

ーク，国家経済社会開発委員会（National Economic and Social Development Board of Thailand : NESDB），タイ観光評議会，タイ自動車協会，国家洪水協会などの代表40名以上からなるものである。パネルディスカッションにおける専門家・識者の提言は，認知度向上策，能力構築策，法制化・標準化，インセンティブという4つのカテゴリーに分類されるものであった（ADPC, 2014, pp.65-66）。

ADPCが中小企業を含む官民の事業体に対して行った調査の結果によれば，中小企業へのBCPの浸透策として有効と考えられるのは，国・地方自治体に対しては，BCPガイドラインやマニュアルの作成や官民の連携によるパイロットBCPプログラムの推進があり，民間企業に対しては，BCP保有企業への優遇保険料，大企業の経験を中小企業が共有すること，BCP保有企業の優遇融資，サプライヤーへのBCPの義務付け，などであった（ADPC, 2014, pp.67-69）。

4-3　お互いプロジェクト

「お互いプロジェクト」とは中小企業を自然災害から守るための日本とタイの協力事業のことをいう。タイ大洪水後の2011年11月，タイ国政府の高官が来日した際に，日本政府がタイ側に提案し，同年12月，経済産業省とJICAの共催で自然災害対策のセミナーが開催された。その場で，タイの中小企業が洪水災害から復興するための政府の支援策に関するポリシーが採択され，事業継続計画（BCP）はその広範な支援策の一部をなすものである。2012年からタイ側は，タイ産業省産業奨励局（Department of Industrial Promotion, Ministry of Industry Thailand）とNESDBの所管となっている。

「お互いプロジェクト」では，日本とタイの中小企業からなる「シスタークラスター」を形成する。シスタークラスターとは両国の中小企業が互いのサプライヤーとなり，非常時に代替のサプライヤーとなることで，顧客企業の信頼を確保するというものである。BCMを中心的なコンセプトとして，非常時のみならず平時における事業活動の強化にも役立てることを目的とするものである。

それは3つの戦略からなるものであり，第1の戦略は，シスタークラスターのネットワークを構築することであり，①組み合わせ（マッチメーキング），②プ

ラットフォームの構築，③金融支援，という3つのフェーズからなる。第2の戦略は，シスタークラスターを維持するための基準（スターレーティングなど）を策定することである。第3の戦略は，イノベーションを目的として，2国間で共同融資を行うための「事業融合ファンド」を創設することである。2014年の現地調査時点では，日本側からは15の提案（15 industrial estates）が出されていた。

このお互いプロジェクトの中では，タイと日本の間で特に製造業を中心に，タイ国内の産業ミッシングリンクに日本の中小企業を誘致するという両国の間での補完関係が構築されてきている。[8] 日本の県や市などの地方自治体が日本国内の，タイの工業省がタイ国内の有望企業を見つけ出して両者のコラボレーションを生み出すという試みが，秋田県，埼玉県，山梨県，愛知県，富山県，福井県，鳥取県，島根県，川崎市などでなされている。例えば富山県では製薬関係の企業が多く存在するので，タイハーブとのコラボレーションを目指す動きがあり，鳥取県はアニメやIT産業が盛んなので，両国の企業が協働することによって新しいコンテンツを開発するという取り組みが進められている。

4-4　達磨プロジェクト

達磨プロジェクトは，国際貿易推進局（Department of International Trade Promotion），タイ商業省，JICAによる共同プロジェクトであり，タイ大洪水の後，2012年1月に行われた日本とタイの政府間協議で決定されたものである。タイ大洪水のような災害に遭っても，タイの中小企業が達磨のように起き上がって，事業を継続させることができるようにするという取り組みである。その目的は，第1に，タイと日本の中小企業の製品の価値と生産性を向上させること，第2に，日タイの中小企業が互いにパートナーとなって，国際貿易ショーやビジネスマッチングイベントを通じて輸出を振興させること，第3に，欧州市場への輸出を拡大すること，である。このプロジェクトには22の県からタイ大洪水の被害を受けた100社を超える食品産業・生活産業・サービス産業の中小企業が参加した。JETROのサーベイ結果によれば，タイの中小企業が必要としたサポートは，デザインが39%，生産が35%，マーケティングが54%であった（ADPC, 2014, p.22）。

4-5 Area BCP[9)]

　Area BCPとは，JICAとASEANが協働して東南アジアで遂行したBCP導入のためのプロジェクトのことであり，産業の集積している地域について，災害時に統合的な資源の管理と戦略的な復旧を図ることによって，地域の産業クラスター全体として事業の継続を維持するためのBCPのことをいう。東日本大震災の際には，エネルギー，水，輸送・通信が遮断されたために，BCPを導入していた企業であっても，事業が中断される，あるいは復旧が思うように進まないという事態が生じた。東日本大震災のような大規模災害の場合には個別のBCPでは不十分であり，BCPを地域全体のものとする必要があるということである。これは前述のDCPあるいはACPと同様のものであり，地域のステークホルダーによる災害リスク・マネジメントの指針であり，フレームワークとなるものである。ステークホルダーは個別の企業，産業団地の管理者，地方自治体，産業集積地のインフラの管理者を含むものである。

　JICAとASEANは同プロジェクトの一環として，適切な規模とシナリオのもとでの大規模なリスク評価を行うことなり，パイロットエリアとしてフィリピンのCavite, Laguna, Metro Manilaの3カ所，ベトナムのHaiphong，インドネシアのBekasi-Karawangを選定した。いずれもアセアン諸国の中ではハイリスクの産業集積地である。

　Area BCPという名称は米緊急事態管理庁（Federal Emergency Management Agency：FEMA）の全米事故管理システム（National Incident Management System：NIMS）にあるArea Commandに由来するものである。NIMSは，複数の事故・事件（インシデント）あるいは大規模なインシデントにおいて，複数のインシデント・コマンド・システム（ICS）あるいは災害対策責任者の間での資源配分の優先順位を決定し，活動の調整を行うための仕組みのことである。ICSはそれぞれのインシデントに対応するための組織であり，それら複数のICSからなるものがNIMSであり，ICSをBCPに，NIMSをArea BCPに置き換えたものがArea BCPである。

　例えば災害などによる停電に備えて，一定規模の病院や工場などは自家発電の設備を導入しているところもあるが，そうした自家発電の設備がない大多数の事業者のために，地域全体として電力という外部資源の供給を遮断させない

ようにするというのがArea BCPである。つまりBCPはコアビジネスの中断によって生じうる顧客，マーケットシェア，企業価値などの滅失をいかに防止するかという個別企業のマネジメントの問題であるのに対して，Area BCPは産業集積地の事業を継続させるのに必須な外部資源をいかに確保し，それによって全体としての経済的損失をいかに最小限にとどめるかという産業集積地全体としての問題である。

　Area BCPのエリアはあらかじめ決めておくことのできるものではなく，災害の程度，影響を受けたエリアの範囲，必要とされるサービスのレベルなどによってフレキシブルなものでなければならない。指揮命令系統（Command Structure）も被害の程度，資源の量，危険の推移によってその構造は異なり，国と地方自治体の最適任者と産業クラスターの責任者によって構成される。指揮命令の発動に際しては，資源の配分を巡ってマルチステークホルダーの間で利益の衝突が生じうるので，利害関係を克服するための方針（Conflict Management Policy）を作成しておくことが肝要である。なおArea BCPの指揮命令系統は災害全体のArea Commandの下位に位置付けられるものである。

　Area BCPのコンセプトはエリアの防災活動における関係者間の協力と，資源の管理に関する官民のコーディネーションという2つの側面からなるものであり，その内容は図表2-4のとおりである。

図表2-4　Area BCPのコンセプト

1	産業集積地域における各企業のBCPについて企業間の連携と協力関係を構築する
2	他の産業集積地域との間のインターリージョナルな協力関係を構築する
3	サプライチェーンの企業間で緊急事態下でのバックアップ体制を構築する
4	産業界で，企業間の協力関係を強化する
5	インフラ確保のために公的部門との間のコーディネーションのシステムを構築する
6	統合的な緊急事態マネジメントにより資源の効果的な配分を図る

出所：Baba, H. et al.（2013），p.191の記述に基づいて筆者作成。

　パイロットエリアに関しては，危険と脆弱性，リスク・マネジメントと災害対策の状況，サプライチェーンの現状，事業の遂行にそれらを反映させた場合の影響，などのリスク評価を行った結果，図表2-5のようなArea BCPが策定さ

図表2-5　Area BCPの内容

1	既存の対策と民間のBCPを検討する
2	Area BCPの戦略を策定する
3	道路・通信・港湾などのインフラを迅速に復旧させるための協力計画を策定する
4	電気・エネルギー・水などの外部資源を確保するための協力計画を策定する
5	サプライチェーンを維持・支援して事業を継続させるための協力計画を策定する
6	レジリエンスを強化するためのインフラ開発の計画を策定する
7	防災計画を策定する
8	上記のフレームワークをモニターし，フィードバックを得る

出所：Baba, H. et al.（2013），p.192の記述に基づいて筆者作成。

れた。そのArea BCPに関するガイドラインが作成されて，他のアセアン諸国に展開されることになっている。

5 結びにかえて

　米国のヘリテージ財団が東日本大震災から1年経過後の日本の復興状況について，広範な文献のレビューと専門家への意見聴取などに基づく調査を行って，災害対策への教訓を20頁の報告書にまとめている（Heritage, 2012）。①インフラの復興とレジリエンス，②環境の回復，③補償と災害援助，④国民のレジリエンスという4つの分野について，観察されたこと，事実として確認されたこと，それから得られる教訓を述べて，それらの教訓は米国の災害対策には不可欠なものであるとしている。

　第1に，道路など交通システムへの投資を適切なものにすること，電力については，発電のみならず供給網の点も重要であること，電力供給のキャパシティは余裕を持つこと，天然ガス，石炭，原子力などの種類別に優劣の差をつけるべきではないこと，などが提言されている。第2に，例えば放射性物質による環境汚染に関しては，何を，どのようにして，いつ，誰が除染を行うのか，放射線廃棄物の処分場はどうするのか，などを事故が起きてから議論するのではなく，事前にそれらの点に関するフレームワークを作成すべきであるとしている。第3に，補償と災害援助をどうするかは，災害の種類，賠償責任の関係，

文化や経済の要素,損害の程度などによるところであるが,現実の危機状態のもとでは,政府の意思決定には巨大なプレッシャーがかかるので,あらかじめ補償のシステムを構築して,その運用のフレームワークを策定しておくことが望ましい。第4に,災害対策として重要なのは国民のメンタルヘルスの問題である。大災害の中で人が持ちうる恐怖や不安や不信は,物理的な損壊以上に国民のレジリエンスを損なうものである。困難な状況においても精神のバランスを保てるよう国民の間に自助と助け合いの精神を涵養する必要があり,そのためにコミュニティの絆機能を高めるなどの対策が望まれる,としている。

　このレポートは米国への教訓としてまとめられたものであり,連邦政府と州政府の関係,FEMAのあるべき姿などは,米国に固有の問題であるが,ここで引用したことは日本にもタイにも当てはまる普遍的なものである。中でも参考になるのは中小企業の脆弱性とBCPの有用性に関する記述である。中小企業が産業を支える立場にあるのは米国も日本やタイと同様であり,自営業者のほとんどは従業員500人未満の中小企業であり,それらの従業員は全労働者の50％以上に上り,中小企業は新規雇用の3分の2を生み出している。しかしBCPを持つ企業は少なく,大災害の後は4分の1の企業が事業を再開できない。米国の災害対策は東日本大地震のような大災害に対応できるレベルではない。米国は2012年にグローバルサプライチェーンセキュリティ国家戦略を策定したが,各国の民間企業と連携してリスクベースのアプローチによる国際的なサプライチェーンのレジリエンスを強化するという目的には十分ではない。事業者は国に頼るのではなく自力でレジリエンスを高めることが肝要であり,国もまた災害援助の宣言をいくつも繰り出すよりは,自発的民間防災認証プログラムをサポートすることに注力すべきとの提言である。東アジアの諸国と比較すれば,米国はBCPの先進国であるが,それでも中小企業へのBCPの浸透が急務であるとのことである。

　わが国はタイの中小企業がBCPを導入するための支援を行ってきているが,タイの企業が自助の精神に目覚めて,自力でBCPの採用に取り組むようになることがより望ましい。アジア防災センターのレポートでは,タイに進出している日本企業の働きかけによって,タイのサプライヤーがBCPを策定したとの成功例が紹介されている(ADPC, 2014)。タイに進出している日本の製造業は多数に上るので,それらの企業がサプライヤーであるタイの中小企業にそのよう

なアドバイスや支援を行うことができれば，タイでのBCP普及には有効なのではないかとも考えられる。この点をJICAタイ事務所にて質問したところタイの日本商工会議所あるいはJICAタイ事務所が現地の日本企業にそのようなことを奨励するのは適当ではないとのことであった。[10]

　災害対策においては自助・共助・公序の3つがあるとされる。地域防災やエリアBCPは自助と共助の2つの側面を有するものである。ヘリテージ財団の提言は公序はともかくとして，自助の必要性を強調するものである。自助・共助・公序の3つはバランスよく実行されるにしくはないが，何をどのような視点から論じるかによって，それぞれの強弱の度合いは異なるであろう。東日本大地震やタイ大洪水においてその必要性が再認識されたサプライチェーンのリスク・マネジメント，あるいはヘリテージ財団のいうリスクベースのアプローチによるグローバルサプライチェーンのセキュリティということでいえば，BCPを通じての共助と公序（国際協力）が有益であり，BCPは本来的に自助のものであるので，BCPは自助・共助・公序の3つにまたがるものである，あるいはそのようなBCPの取り組みが求められるということである。これは換言すれば，自助・共助・公序の3つの観点からBCPの導入と実践を促進させるということである。

　ジュネーブ協会が東アジア高度経済成長市場における洪水リスクの高まりと保険上の対応策に関するレポートを公表している（Geneva, 2015）。それによれば日本・香港・シンガポール・韓国・台湾を除くアジア各国の合計GDPが世界に占める割合は2000年の6%から2013年には22%に増加した。2010年現在，人口が1000万人を超えるメガ都市は世界で22あるがそのうちの12がアジアにあり，2025年には20に増える見込みである。これらのメガ都市の多くは，沿海部，河川，河口の近辺といった洪水や高潮のリスクに脆弱な土地に立地している。さらに気候変動に伴う海水温と海面の上昇，台風などの頻発，集中豪雨などもあって，洪水による経済的損害のリスクは巨大化している。2004年から2013年の間の洪水による世界の年間の平均損害額は300億ドルであるが今後のリスク対応策の如何によっては2050年のアジアの洪水による年間損害額は5000億ドルに上ると予想している。このように各国が災害レジリエンスを強化するための対策が求められている状況に鑑みても，タイや東アジア諸国におけるBCP普及の行方を見守る必要がある。

[注記]

1) あるいは，2011年の雨量が平年の1.4倍に対し蒸発する分はほぼ変わらないため，川に流れてくるのは約860mm，平年の2倍以上（246%）になったと推定されるということである（小森，2012, p.5）。
2) JETROタイ事務所「タイ洪水被災企業アンケート」2012年2月。
3) 最多は東京都の398件，次いで宮城県の92件，北海道の77件，福岡県の59件，神奈川県の55件であった（筒井智士「事業継続ガイドラインの改訂について」平成26年3月6日シンポジウム『南海トラフ大地震に臨む』の報告資料，(www.kiis.or.jp/tikubousai/pdf/140306_3.pdf)）。
4) 内閣府のガイドラインは第一版が平成17年，第二版が平成21年に策定されたものである。
5) この点に関しては，大同生命が2016年8月に行った調査でも，中小企業の90%はBCPを策定していないとのことである（保険毎日新聞，2016年9月30日）。
6) 諸外国の普及策はADPCが各国の関係者にインタビューして得た情報であり，ADPC (2014) pp.48-53に依拠した。
7) 本項については主にADPC (2014) pp.8-13に依拠した。
8) 2014年12月26日，JICAバンコク事務所にてJICA企画調査員の三好克哉氏より聴取した。
9) 本項の記述はBaba, H. et al. (2013) に依拠した。
10) 2014年12月26日，JICAバンコク事務所にてJICA企画調査員の三好克哉氏との面談の際，得た感触である。

[参考文献]

沖大幹（2012）「チャオプラヤ川における2011年の大洪水とタイの水害」『予防時報』2012年7月。

川村雅彦（2012）「BCPからみた東日本大震災とタイ大洪水の教訓〈経営資源と「災害の影響」に着目した新しいリスク・シナリオ〉」『基礎研Research Paper』No.11-002, 29 March, pp.1-13。

小森大輔（2012）「2011年タイ国チャオプラヤ川大洪水はなぜ起こったか」『バンコク日本人商工会議所所報』2012年2月。

杉野文俊（2007）「事業継続マネジメント（BCM）にみる現代的リスクマネジメントの思考法—現代的リスクマネジメントにおけるBCMの意義について」『損害保険研究』第69巻第2号，pp.67-106。

東京海上日動リスクコンサルティング株式会社（2010）「諸外国におけるBCPの普及策に関する調査報告書」2010年3月。

東洋経済 ON LINE（東洋経済）（2011）「タイ洪水の深刻度，日本企業への影響を独自調査」2011年11月14日。
(http://www.bangkokpost.com/archive/yingluck-to-visit-flooded-provinces/251459)

西川智・紅谷昇平・永松伸吾・野中昌明（2007）「業務商業地におけるDCP実現に向けた企業参加による地域防災活動」『地域安全学会梗概集』Vol. 21, pp.101-104。

野田健太郎（2006）『やらなきゃならない！事業継続マネジメント（BCM）を理解する本』日刊工業新聞社。

丸谷浩明「中小企業への事業継続計画（BCP）普及の実情と今後の課題」NII-Electronic Library Service。

ロイター（2011），東京，2011年11月18日。
　　（http://jp.reuters.com/article/2011/11/18/idJPnTK066778620111118）

日本経済新聞（2012年3月26日付）

読売新聞（2011年11月8日付）

読売新聞（2015年8月2日付）

APEC Emergency Preparedness Working Group（APEC）(2015), *APEC backs incentives-based approach to business continuity promotion*, news release issued on June 25. (http://www.apec.org/Press/News-Releases/2015/0625_BCP.aspx)

Asian Disaster Preparedness Center（ADPC）(2014), *Improving Small & Medium Enterprises (SMEs) Resilience in Thailand*, September.

Asian Disaster Reduction Center（ADRC）(2011), *BCP status of the Private Sector in the APEC Region 2011*, (http://www.adrc.asia/publications/bcp/2011_epwg_BCP_ADRC.pdf)

Asian Disaster Reduction Center（ADRC）(2012), *BCP Status of the SMEs in the Asia-Pacific Region 2012*, (http://www.adrc.asia/publications/bcp/survey_2012.pdf)

Baba, H., I. Adachi, H. Takabayashi, N. Nagatomo, S. Nakasone, H. Matsumoto and T. Shimano (2013) "Introductory study on Disaster Risk Assessment and Area Business Continuity Planning in industrial agglomerated area in the ASEAN."

Haraguchi, M and Upmanu Lall (2014), "*Flood risks and impacts: A case study of Thailand's floods in 2011 and research questions for supply chain decision making,*" International Journal of Disaster Risk Reduction.

Meehan, R (2012), *Thailands Flood 2011: Causes and Prospects from an Insurance Perspective*
　　(http://web.stanford.edu/~meehan/floodthai2011/FloodNotes17.pdf#search='Talad+Floods+2011+Stanford+Uniersity')

The Geneva Association（Geneva）(2015), *Insuring Flood Risk in Asia's High-Growth Markets*, A Geneva Association Research Report, July.
　　(https://www.genevaassociation.org/media/925830/ga2015-insuring-flood-risk-in-asias-high-growth-markets.pdf#search='Insuring+Flood+Risk+in+Asia%27s+High+Growth+Markets')

The Heritage Foundation（Heritage）(2012), *One Year Later: Lessons from Recovery After the Great Eastern Japan Earthquake*, Special Report No.108, April 26, 2012
　　(http://thf_media.s3.amazonaws.com/2012/pdf/sr108.pdf)

Wright, J. (2012), "*Some companies rebuilding, others leaving Thailand,*" Business Insurance, January 1, 2012.
（HTTP://WWW.BUSINESSINSURANCE.COM/ARTICLE/20120101/NEWS06/301019978/SOME-COMPANIES-REBUILDING-OTHERS-LEAVING-THAILAND）

第3章

タイの防災政策の課題と日本の国際協力
― 2011年のタイの大洪水を事例に ―

1 はじめに

　本章の目的は，第1に，2011年に起こったタイの大洪水の発生原因について明らかにすること，第2に，大洪水発生時のタイ政府の対応から明らかになったタイの防災政策の課題と改善策について検討すること，第3に，現地でのインタビュー調査も踏まえ，大洪水を契機とした日本とタイの相互支援事業に基づく日本の役割について若干の問題提起をすることにある。

　2011年に，タイでは50年に1度という豪雨によって大洪水が発生した。この大洪水によって，タイ全土で800人以上の犠牲者が出た。大洪水はタイ中部からバンコクにかけて広がり，その過程で7つの工業団地が浸水し，その結果，約1000社の工場が生産停止に追い込まれた。被災した工業団地は，世界的な電子産業の集積地であったことから，グローバル・サプライチェーンは寸断され，その影響は他国へと広がっていった。また，被災した企業のうち半数以上が日系企業であったことから，日本経済への影響は特に大きかった。この大洪水によって，日本では，タイとの経済的結びつきが強く認識される一方で，海外に生産拠点を持つことの災害リスクも認識されることになった。このことは，タイの防災政策の進展とそのための国際支援が，人的被害と国内外の経済的被害の軽減に繋がることを理解させた。

　ところで，チャオプラヤ川[1]も含め，タイの河川は日本の河川と比べて勾配が緩やかであることから，上流の水が下流に到達するまでに時間がかかる。したがって，このとは，増水時に，適切な流量管理を実施していれば，十分な洪水対策に繋がっていたこと，逆に，時間的な余裕の中で十分な対策がとられていたら，かなりの程度の人的・物的被害が軽減できたことを意味する。他の自然

災害を例にするなら，タイの大洪水のような時間的余裕はなくても，インドネシアの巨大津波被災害や東日本大震災のいずれも，地震の発生と津波の発生との間に数十分のタイムラグがあり，この間に，適切な対応がとられていたなら，人的被害はかなりの程度軽減できたといえる。

したがって，頻繁に洪水が発生するタイで，しかも大雨と洪水の発生，さらに洪水の発生による都市部や工業団地への人的・物的被害の発生までに十分な時間があるにもかかわらず，大規模な被害を引き起こしてしまった要因を多角的に見ることは，今後の自然災害への対応を考えるうえで，非常に重要な示唆を与えてくれることになる。

これらを踏まえ，本章では以下のように節を構成する。第1節では，被災地における自然災害のリスクを削減するための基本的枠組みについて述べる。第2節では，大洪水による被害拡大の原因を多角的に捉える。第3節では，タイの防災政策の基本的枠組みを概観したうえで，タイ政府の大洪水発生時の対応から明らかになったタイの防災政策の課題について述べる。第4節では，大洪水を契機に発足した「お互いプロジェクト」の内容や現地でのインタビュー調査を踏まえたうえで，日本とタイの相互協力体制の構築に向けた取り組みを通じて，日本の国際支援や援助の役割について若干の問題提起を行う。

2 被災地における災害リスク削減とは何か

自然災害は，津波，地震，台風などの自然外力（ハザード）が誘因となり，社会に影響を及ぼすことにより発生する。ハザードは，自然現象である。仮に，これらの自然現象が人のいない地域を襲ったとしても，それは災害とはいわない。災害とは，地震や津波，洪水などが人の居住地域を襲い，また，これによって，家屋が破壊され，破壊された家屋や船舶，木材などが漂流物となり，さらにその他の構造物を破壊するなかで，大規模な人的・物的被害が発生することをいう（阪本他，2008, pp.49-50）。つまり，災害とは，ハザードと社会との相互作用により発生する社会現象といえる。このことは，災害リスクを軽減するためには，ハザードを解明することも重要であるが，それ以上に，ハザードと対峙する社会・経済構造を明らかにし，社会に内在する災害脆弱性を把握し，

それを減少させていくことが重要となる。

　災害リスクは，あらかじめ対策を講じることで軽減することができる。2005年1月に開催された国際連合防災会議で採択された兵庫宣言では，災害リスクを軽減するための政策を優先政策とすることの重要性が宣言された。この会議では，「兵庫行動枠組み（2005-2015）（Hyogo Framework Action：HFA）」が採択され，2015年までの10年間に防災・減災に関して達成すべき優先目標が設定された。

　しかしながら，様々な課題を抱える発展途上国では，いつ起こるかわからない災害に対する対策は優先課題となりにくいことから，大規模な災害が発生すると，先進国に比べて被害が大きくなる傾向がある。特に，災害に対する備えがない場合，独自の人的・物的・制度的資源で対応することが難しく，被災者の救命・救急などの緊急時の災害対応や仮設住宅の建設や災害復興住宅の建設といった災害復旧を国際支援に頼らざるを得ない。

　被災地に対する国際支援は，第1に，災害発生直後の人命救助，負傷者の応急措置，被災者に対するテントや食料などの物資の供給といった応急対応への緊急支援，第2に，仮設住宅の建設，災害復興住宅の建設や破壊されたインフラの再建などの中長期的な復旧・復興に対する支援などに区分することができる。このうち，復旧・復興については，日本では，1995年に発生した阪神淡路大震災からの復興経験を踏まえ，「災害復旧」が被災前の社会・経済状況に回復（原状回復）することを意味するのに対して，「災害復興」は被災地域が被災前以上の活力を取り戻すように地域を再興すると共に災害リスクを軽減した社会を構築することというように，両者を区別している。

　発展途上国が繰り返し同様のハザードによる被害を受けないようにするためには，災害復興の実現を目指すと同時に，災害リスクを軽減するための事前的対策が事後的対策以上に重要になる。事前的対策とは，災害発生時の直接的被害を軽減するための取り組みで，①道路（人命救助や消火活動を優先するための緊急輸送道路の確保も含め），橋梁，河川（堤防の整備・拡充），海岸（防潮堤の整備・拡充），港湾，鉄道，空港などの施設構造物や電気・ガス・水道などのライフライン設備の耐震化（いわゆる公共インフラの整備・拡充），②防災・減災に向けた法制度，及び，それに基づく組織体制の構築，③気象（風速や風圧，雨量など），水象（雨量や川の水位など）・地象（地震や火山の噴火，地滑

りなど)・海象(潮流や波の高さ,沿岸地域の波浪・気象データなど)にかかわる総合的な自然観測システムとそれに基づく災害警報システムの構築,④減災に向けた国と自治体,及び,自治体間連携システムの構築,⑤被災者の生活保障や被災企業の再建のための制度的インフラ(被災者生活再建支援法や被災企業に対する保険料の免除といった特別措置など)の構築,⑥防災教育の普及と防災知識の共有,⑦災害発生時の国際支援の受け入れ体制や自国の防災・減災を進めるための相互支援体制の構築といったハード面及びソフト面の両面での体系化を目指すものである。

　事後的対策とは,災害発生後に,上記①の整備・拡充によって防災・減災に努めたにもかかわらず,発生してしまった被害(積み残した被害)を,上記②〜⑦のシステムを活用し機能させることで軽減するための仕組みである。これらのうち,生命危機の回避という観点から,最も重要なのは,上記③の自然観測システムに基づく災害警報の運用と上記⑥の防災教育の普及・推進にある。そのうえで,上記②に基づき,災害情報を一元化し,迅速な政治判断のもとで,被害の収束に向けた組織運営を行うなかで,上記④において,被災者に避難場所や食事を提供したり,仮設住宅を建設したりするなどの活動によって,災害関連死の削減に努める。こうした被害リスクの削減プロセスがうまく機能するかどうかについては,事前的な対策としての防災教育の普及と実践,防災・減災政策の完備とそれに基づく自治体連携システムが構築されているかどうかにかかってくる。こうした災害対応にかかわるソフト面でのシステムが機能しないとなると,事後的被害は累積的に大きくなるし,これらが機能してはじめて,上記⑤の被災者の生活保障や被災企業(主に,中小企業)の再建のための制度的インフラがいかされるのである。その一方で,災害の規模が大きく,被災した国が緊急時に災害対応できない状況にある時は,自国の被害レベルを考慮し,緊急時から災害復興までのタームのうち,どのレベルまでの国際支援を受けるのかを意思決定することで,上記⑦をうまく活用することは事後的被害の軽減のために重要となる。

　この事前的・事後的対策の不備によってタイで大洪水が発生した原因については,2節で詳述するとして,タイでは,上記①,②,③,④,⑥の仕組みが,事前的に整備されていない,あるいは不完備であったことから,大洪水の発生時に,これらが事後的に機能していなかった。大洪水の発生前後に,タイでは,

国と自治体，さらには被災者の間で対立や分断が起こっていたことから，上記④については，構造的に逆の流れになってしまうし，国と自治体が対立しているような状況では，上記②に基づく災害対応の効果は制限されてしまうこと，さらには，上記⑥の防災教育の普及や進展も構造的に遅れてしまう。大洪水後のタイでは，こうした構造的問題を抱えつつも，政治対応の反省から，上記⑦については，日本の国際支援を始め，防災政策の課題を克服していくためのマスタープランの作成や治水対策のための技術援助によって，事前的対策を強化するための取り組みが行われている（これについては，3節以降で触れる）。

ところで，上記⑥の防災教育の重要性について東日本大震災を例に考えてみると，地震から津波の発生までは数十分の猶予があることから，防災教育が行き届き，住民が早急に避難活動をしていれば，死亡者は相当程度少なくなっていたであろう。津波の犠牲者の多くは，ここまで津波は来ないと安心していたために逃げ遅れてしまった，あるいは，本来，避難してはいけない場所に避難あるいは待機してしまったために，津波にのみこまれてしまったといえる。また，地震後の避難場所をめぐり多くの小学生や教員が命を落としてしまった宮城県石巻市の大川小学校の例は，教員の遺族も災害被害者という点では同じであるにもかかわらず，その悲しみを素直に表せない現実がある。防災教育が行き届き，防災知識が共有されていれば，尊い命が救われると同時に，遺族が負い目を感じるような状況は回避できたであろう。

その他にも，東日本大震災は広域災害であることから，このような大規模災害においては，国レベルの対応以上に，複数の都道府県，さらには，県や市町村などの自治体による相互支援体制の構築といった上記④の取り組みが重要になる。タイの大洪水については，複数県にまたがる大規模災害であることから，本来，上記④の取り組みが必要となる。

いずれにせよ，インドネシアやタイのような発展途上国では，防災・減災のためのインフラ整備に留まらず，それ以上に，防災・減災政策を実行するための制度基盤に多くの課題がある。したがって，こうした途上国の災害リスクを軽減していくためには，自国の努力だけでなく，他国といかに支援・協調体制を築いていくのかといった，上記⑦の取り組みが重要になる。

以下の節では，タイの防災政策や災害対応のどこに課題があり，それを改善していくためには，どのような体制が求められるのかを検討していく。このこ

とは，ハザードと対峙する社会・経済構造を明らかにし，タイの社会に内在する災害脆弱性を把握し，災害リスクを減少させていくために重要となる。

3 タイの大洪水とその被害拡大の要因

3-1　被害の概要

　2011年の8月から12月まで続いたタイのチャオプラヤ川の大洪水は，農地やバンコクの都市部に加えて，日系企業が数多く入っている工業団地など，広範囲の浸水被害をもたらすなかで800人以上の犠牲者を出した。

　世界銀行は，この大洪水の経済的被害及び損失額の合計を1兆4225バーツ（465億ドル）と見積もった（The World Bank, 2012, pp.4-5）。これらのうち生産部門における製造業の経済的被害・損失の合計は1兆71億バーツ（320億ドル）と，全体の70％を占める。大洪水による被災者は250万人で，犠牲者は813人，被災家屋は188万6,000戸にもなる（そのうちの1万9,000戸は倒壊した）。その他にも，全体の約3.8％を占める農業・畜産・漁業部門の被害は，約520億バーツと，タイにおける第一次産業に従事する層の所得を考えると決して低い額とはいえない。加えて，当初，2011年の経済成長率は3.8％と見込まれていたが，大洪水の影響で実質GDP成長率は0.1％とほぼゼロ成長となった（JETRO 2012, p.171）。[2]

　また，タイの大洪水によって，複数の工業団地が冠水したが，そこに存在する804社のうち449社が日系企業であった。このことは，多くの工業団地が被害を受けるなかで，洪水による日系企業への影響が特に大きかったことを示している。浸水した工業団地は，日本などからの国際緊急援助隊排水ポンプ車チームの支援などにより，同年11月中旬から本格的な排水作業が開始され，いくつかの工業団地は11月中に排水作業が完了した（川崎他，2012, p.2）。

　いずれにせよ，被害が拡大した背景には，タイ政府の災害対策が後手に回り，加えて，防災情報が適切に伝えられず，人々を非難させることができなかったことなどが挙げられる。

3-2 被害の原因

　タイは，毎年，暴風や干ばつ，洪水，津波などの自然災害が発生している。これらの災害は，タイの地理的・気候的条件に起因する。2011年の大洪水は，同年5月から10月にかけての雨季に総雨量が例年の約1.4倍に達したという50年に1度の豪雨に直接的な原因がある。しかし，タイでは，自然災害が頻繁に発生していることから，本来なら，この大洪水を含めた自然災害の被害を軽減するための体制が構築されていなければならないこと，逆に，被害を軽減するための体制がつくられていたら，これほどまでの被害が起こらなかったといえる。

　チャオプラヤ川流域では，古来より氾濫が繰り返されてきたが，2011年の大洪水以外にも，第2次大戦後に6回，過去30年間に，1983年，1995年，2006年に大洪水が発生し，甚大な被害が出ている（Aon Benfield, 2012, p.11）。洪水が発生する原因は，タイ北部と中部の降雨のほとんどがチャオプラヤ川に流れ込むため，本川流域を中心に北部から中部にかけて被害が拡大すること，また，チャオプラヤ川は日本の河川に比べて勾配が極めて緩やかで（チャオプラヤ側の勾配が5万分の1であることに対して利根川のそれは9,000分の1である），タイ北部のアユタヤ県からバンコクにかけての高低差がほとんどないことから，非常に水捌けが悪いといったことなどが挙げられる。また，首都であるバンコクの大半は，海抜ゼロメートル地帯で，約370km内陸のナコンサワン市でも海抜20m程度しかなく，下流域の低地帯では洪水リスクが高くなる。このように勾配が緩やかなチャオプラヤ川では，構造的に，洪水が起きると水が引くのに時間がかかることから，洪水被害が数カ月続いてしまったのである。タイ政府は，地理的要因によって洪水が発生しているにもかかわらず，洪水多発地域に工業団地を誘致することで，タイの内外に甚大な経済的被害を発生させたのである。

　しかしながら，タイでは，この豪雨と洪水，洪水と都市部の浸水被害との間に十分な時間的余裕があるにもかかわらず甚大な被害が発生したということは，タイの地理的・気候的条件以外にも，いくつかの要因が重なっていたことが考えられる。なぜなら，洪水の直接的かつ本質的な原因である地理的要因については，タイの内外における共通認識であることから，それ以外の要因が洪水被

害を甚大にさせたと考える方が妥当といえるからである。このことを踏まえ，以下では，洪水被害が長期化した地理的・気候的条件以外の要因について探ってみる。

その第1は，自然災害に対応する防災政策，より具体的には，水資源管理制度及びその組織体制にある。まず，治水管理という観点からは，洪水対策よりも旱魃の被害をいかに抑制するかということに重点が置かれてきたという問題が挙げられる。その背景には，チャオプラヤ川下流に広がるデルタ地域における農業用水を確保するために，毎年雨季に相当の水を大型ダムにため込まなければならないといったことが挙げられる[3]。したがって，タイにおいては，洪水と旱魃の双方に対応した治水管理が必要となり，その調整は難しい。さらに，洪水予防対策や緊急措置体制の不備が，被害を拡大させたことも軽視できない。

次に，水資源管理組織間の連絡調整制度の不備による政治的混乱や対立に基づく体制的問題が挙げられる。タイ政府は，洪水被害が下流域で拡大した2011年10月7日に，被災者救援本部を設置した。国民は，洪水の規模が災害対策を担当していた内務省防災・減災局の対処能力を超えていたため，首相の災害対策に期待した。しかし，首相にはその権限はなく，バンコク都庁を統制できなかった。このため，首相に権限を集中できる非常事態宣言を求める声が出てきた。しかし，首相は2007年防災・減災法の31条に基づいて，自らの権限を強化するに留めたため，洪水被害が拡大した（玉田他，2013, p.6）。こうした水資源管理制度の不備によって，政府の洪水対応が混乱した原因については，タイの防災政策に直結する問題であるため，次節で詳述する。

第2に，防災情報の混乱にある。田中（2012）は，洪水報道を巡り，「タイ国営放送局（National Broadcasting Services of Thailand：NBT）」（以下，NBT）と「タイ公共放送局（Thai Public Broadcasting Service：PBS）」（以下，PBS）の2社への聞き取りを行うなかで，防災情報が混乱した原因について，以下のように述べている（田中，2012, pp.36-40）。

まず，NBTの災害報道について触れておくと，その特徴は政府の見解を忠実に放送したことにある。NBTは，国営放送として，2011年10月8日に，政府が災害対策本部を設置したことにあわせて，政府からの指示に基づき，24時間中継の体制をつくり，かつ，この時点ではじめて本格的な災害報道を始めた。ただし，NBTは政府の公式見解を重要視し，それを伝えていたため，タイ政府自

体が不確実な防災情報しか持ちえず,政府の発表内容が二転三転して,国民にとって信用できる情報源にはなり得なかった。こうした報道姿勢は,かえって住民に不信感を与えることになったし,洪水が8月から本格化していることを鑑みると,10月から災害報道を始めたという時点で問題があったといえる。

次に,PBSにおける防災のための報道への取り組みは,公共放送の使命と捉え,被害状況をリポートするのではなく,被害を少なくするために役立つ放送(現地での被災状況の確認,データに基づく洪水の広がりや住民への注意点の伝達等)を目指したことで,洪水報道について非常に高く評価された。同社は,政府の情報とは一定の距離をとることで,ひも付きでない洪水災害を報道したことに特徴がある[4]。

防災情報が混乱した本質的な原因は,雨量の観測と川の水位の観測体制,警報発令システムなどの不備に基づく不十分な監視体制にある。タイでは,水に関する情報を一元的に集約・提供する機関もなく,雨量や水位,物量にかかわる個別のデータがあっても,それらを統合して洪水予測を行い,「大雨・洪水警報」を発令する機関もなかったのである。したがって,住民の災害リスクを軽減するためには,災害情報を的確に伝達するための情報管理システムの構築が必要不可欠となる。

第3に,洪水対応や被災者支援をめぐる国と自治体(バンコク都知事)との対立に基づく洪水対策の課題が挙げられる。玉田(2013)は,洪水に伴う打撃や恩恵の配分をめぐり生じた争いという政治的観点から,①洪水への対応をめぐる対立について,バンコクだけを守ろうとする都庁とそれに反発する人々との間の争い,②被災者間をめぐる対立とそれに対するタイ政府の救済策との間の意識の乖離,具体的には,首都とその近辺では,金額が足りない,支給が遅いといった不満から抗議運動が相次いだこと,また,これについては,都知事と中央政府の対立が緊張に拍車をかけていたことなどの問題点について述べている(玉田他, 2013, p.6)。このように,洪水という災害を政治家と国民(被災者)の双方が政治化している状況では,いくら事前的対策のための仕組みをつくったとしても,事後的対策が遅れ,2次的被害を拡大させることになる。

第4に,大規模広域被害に対応するための国や自治体間の協力・連携体制の不備が挙げられる。タイの大洪水は,東日本大震災と同様に,複数県にまたがり被害が発生するという広域災害である。したがって,こうした広域災害にお

いては，災害対応を進めるうえで，国と自治体が連携体制を構築することは当然のこと，複数県が応援調整できる仕組みが求められる。しかしながら，上記3のように，災害をめぐり政治化しているような状況では，こうした仕組みの構築は望めないし，また，このような仕組みがあったとしてもうまく機能しない。

　第5に，自然災害に対する防災教育の不完備とそれに伴う住民の関心の低さにある[5]。繰り返しとなるが，チャオプラヤ川の勾配が緩やかであるということは，上流の水が下流に到達するまでに時間がかかることから，増水時に，流量を管理する時間的余裕が出てくる。このことは，国は，適切な流量管理を実施すると同時に，それでも洪水が発生した時に備え，国と自治体との協力体制を築き，さらに，住民に対する防災教育を行うなかで，住民が災害発生時に適切な避難行動をとることができるようにするなど，十分な洪水対策に繋がることを意味する。防災教育がこの地に行き届いていれば，大洪水の死傷者は，実際の数より，ずいぶんと少なくなっていたであろう。防災教育は，最も安価で，最大の便益を与えてくれる災害対策である。

　タイの大洪水は，1節でも触れた通り，事前的・事後的対策及びそのための制度的欠陥によって災害となっていたこと，また，いつ起こるかわからない災害対策は優先課題になりにくいといった発展途上国特有の事情が背景にある中で起きていることから，途上国全体が共通して抱える構造的問題として認識すべきといえる。

4 タイ政府の災害対応から明らかになった防災政策の課題

4-1 タイの防災政策の基本的枠組み

　2節では，主に，タイの防災政策の構造的欠陥に基づく洪水被害の甚大化について触れた。本節では，タイの防災政策の不備とその課題について検討するために，はじめに，タイの防災政策ならびに法制度について概観する。

　タイにおける防災・減災管理の法的枠組みの基礎になるのが，2004年12月の津波の発生を受けて，1979年に制定された「市民保護法（Civil Defense Act）

と1999年制定の「消防法（Fire Prevention and Suppression Act）を統合するかたちで，2007年11月に成立した，「2007年防災・減災法（Disaster Prevention and Mitigation Act 2007（以下，2007年防災・減災法）である（Thailand, 2015, p.4；JICA, 2010, p.5）。

2007年防災・減災法においては，①国家，地方及びバンコクにおける防災政策策定機関を規定し，そのうえで首相または指名された副首相が国家の指揮官となること，②内務省の「防災・減災局（Department of Disaster Prevention and Mitigation：DDPM）（以下，DDPM）が国家の防災業務を実施する際の中心機関となり，実際に予防措置などを行うこと，③地方自治体が県の計画に基づき，それぞれの地域の防災の責務を担うことなどを規定することで，法的枠組とそれに基づく組織的枠組が変更・再整理されることになった。また，同法は，火災，台風，暴風，洪水，旱魃などの自然災害だけでなく，感染症やテロなどを含む人的災害も対象としている。

さらに，DDPMは，2007年防災・減災法が制定されることによって，以前は，内務省の「地方行政局市民防衛課（Civil Defense Division）」，及び「国家安全保障委員会（National Safety/Security Council）の2つの機関が担っていた国家レベルの防災行政権限を一元的に担うことになった。

2007年防災・減災法においては，それまでの市民保護法に防災法の要素を加えて改定したような構成になっており，(1) 防災に関する組織及び責務，(2) 国家防災・減災計画を網羅する内容，(3) 災害予防に関する責務，(4) 内務省の管轄のもとでのボランティアの責務などが記載されている。しかし，同法においては，上記(3)が規定されているとはいえ，それは事前対策の内容というよりは，応急対応に関する内容を中心に記載されているし，加えて，財政金融措置についての記載も見られない，といった問題があった。

4-2　タイ政府による大洪水への災害対応

2011年の大洪水は，50年に1度の豪雨に端を発しているが，2節で述べたように，洪水被害が拡大した要因は，チャオプラヤ川の地理的要因以外のものが大きかったといえる。特に，水資源を統合的に管理するための法的枠組みの欠如，ならびに，水資源管理を行う組織体制の不備が大洪水への対応を混乱させ

たといえる。以下では，この大洪水への災害対応の課題を検討するために，同国の水資源管理制度について触れておく。

水資源管理の必要性が強く認識されるようになったのは，1989年に，「国家水資源委員会（National Resource Committee：NRC）」（以下，NRC）が設置されたことにある。NRCは，首相を委員長として，首相により任命される委員によって構成されている。NRCは，水資源管理計画やプロジェクトを監督・監視し，さらに水資源の保全と法的管理について内閣に助言することが職務であったが，水資源管理政策を実施する権限は持っていなかった（大友，2015, p.113）。

このような状況の中で，「1997年タイ王国憲法」の制定は，タイの水管理制度に変化を与えることになった。タイ政府は，憲法に呼応して，1999年から水資源利用10年計画を準備し，2000年10月には，「国家水資源政策（National Water Resource Policy）」を発表した。しかし，2004年から水資源局の根拠法となるべき「水資源法」の起草プロセスが始まると，水資源管理全般の管理ルールを誰が定め，誰が実施するかをめぐって，新旧の局（水資源局と灌漑局等）がしのぎを削る事態に陥ったのである（船津，2013, p.164）。その結果，新参の水資源局に対して，水資源の管理から実施にわたる権限を与えるための法は実現しなかった。

このような状況のもとで，2011年に大洪水が発生した。当初は，2007年防災・減災法に基づき，内務省と被災各県による対応がなされていたが，都市部にも洪水の被害が及ぶかもしれないという予測が出始めた8月に，発足間もないインラック政権は，内務省内に「緊急事態管理室」を設置した。しかし，大洪水に対して，同法の枠組みのもとで水関連組織を束ねようとしたが，各部局に蓄積された用途別の水情報を収集・統合して分析するための組織間ルールがなかったため，特定の省や局の主導で適切な指令をまとめあげることができず，危機的な大洪水を前に対応することはできなかった（同上書，p.165）。

その一方で，政府の洪水対策組織に統合されていなかった天候予測・水予測の専門機関（独立行政法人や民間の予測機関）は，政権の頭越しにメディアを通じて，中部・バンコクに洪水が迫る見通しをばらばらに公表し始めた（同上書，p.169）。その結果，市民は，どの予測が最も信頼しうるのか，誰の指示に従い行動して良いのかわからなくなるなど，財産・生命を守るために必要な情報が，政府によって統合されず，方向性もないままメディアを飛び交う事態とな

り，大きな社会的混乱を招いた。

　これに対して，インラック政権は，9月末からメディア情報の錯綜を整理し，指令系統の一元化を図り，10月中旬に，チャオプラヤ川の下流域で拡大する大洪水に立ち向かう新組織として「洪水被害救済対応センター（Flood Relief Operation Center：FROC）」（以下，FORC）を設置した。これによって，首相と主要閣僚・洪水対策にかかわる官僚トップの一同が，予測から対策までそろって決断できる体制が整ったのである（大友，2015, p.114）。FROCの設立は，首相をトップとして，統合的な洪水災害対応を目的とした組織ができたことを表す。

　FROCは上述の風水害対策本部の一部として，緊急対応に特化した臨時のセンターである。FROCでは省庁を超えた連携を強化すべく，10月中旬の発足時点からプラチャー法務相が指揮を取り，DDPMが事務局となる体制へ移行した。FROCは，①洪水被害評価を含んだ浸水域の情報収集，②省庁間の情報共有の促進，③統括指令会議の開催，④広報，⑤義援金や寄付の受け取りとボート購入など災害対応面での資金管理といった，緊急対応に特化した活動を行った。

　しかし，洪水がバンコク都市周辺部まで南下し，バンコク都市部への浸水の可能性が間近に迫ってきたと予測されるようになると，洪水をどの水路から排水させるかという点で，FORCとバンコク都庁の対立が激化するという事態が生じた。その背景には，最大野党である民主党に属するバンコク都知事とインラック首相との間の政治対立があった。この事態は，最終的に，甚大な災害が発生した場合は，関係機関にしかるべき措置を命じることができるという首相の権限を定めた防災・減災法の31条に基づき，インラック首相が水門の解放を命じることで決着した（同上書，p.114）。

4-3　タイ政府の大洪水後の防災・減災に向けた取り組み

　既存の防災関連法で大洪水に対応できなかったという限界に直面したインラック政権は，2011年10月にFORCを立ち上げた。それから間もなく，バンコク中心部への浸水危機が回避されるなかで，同政権の課題は，早期の復旧・治水計画の策定にあった。

洪水対策の不備を批判された政府は，2011年11月10日に，「水資源管理戦略委員会（Strategic Committee for Water Resource Management : SCWRM）（以下，SCWRM）を設置した。SCWRMには，大洪水時の情報集約の混乱を踏まえて，雨や洪水の専門機関と専門家集団を束ね，首相・閣僚の必要に応じて，技術側面や必要な政策・計画をアドバイスする役目が与えられた（船津，2013，p.174）。

　タイ政府は，洪水による甚大な被害を鑑み，SCWRMのもとで，将来の渇水及び洪水に備え，国の継続的発展を確実にするため，「水資源管理マスタープラン（以下，マスタープラン）を策定した（水管理資源管理戦略委員会他，2012, pp.1-5）。マスタープランは，国王主導のもとで，「経済発展」を基本方針として策定されている。ここでは，現在までの水資源管理における主な問題と弱点として，(1) 違法開発行為による水源地の荒廃，(2) 不十分な水資源管理と一元的管理組織の不在，(3) 長期的水資源管理マスタープランの欠如による不明確な管理方針と継続性のない予算支援，(4) 機能性に欠け非効率なデータ・ベース，(5) 水資源に関する時代遅れの法律及び規制の5つを挙げている。

　こうした水資源管理の課題を克服するために，水資源管理マスタープランは，8つの主要事業計画及び2つの行動計画（緊急期間の水管理行動計画とチャオプラヤ洪水氾濫原の統合的持続的洪水被害軽減行動計画）より構成されている。

　マスタープランの目的は，①中規模から大規模の洪水による損失及び被害の防止と軽減を図る，②洪水防御システムと緊急洪水対策能力の改善，警報システム能力の向上，③水・土地・森林の持続的利用のための管理強化による信頼と安定性の構築，及び農民，コミュニティ及び国家収入の増加などにある。また，マスタープランの目標は，①' 短期的には，2012年の洪水損失・被害の軽減にあること，②' 長期的には，統合的及び持続的な洪水管理システムの改善にある。だたし，上記①' の2012年の洪水を制御するという短期目標については結果的に達成されている。以下では，8つの事業計画の内容を記す。

　第1に，森林及び生態系の回復・保護のための事業計画である。これは，水源地涵養林の回復，流域の能力に見合った新たな貯水池の開発，地域の社会・地理的状況に合致し，荒廃した水源地の回復と保全を目標とする土地利用計画の作成を目指している。また，土壌と水の保全は地域の植栽事業にあわせて行われる。同時に，マングローブの回復，水と土地利用の改善を行い，さらに関

連法規則の立案と改正も考慮する。

　第2に，主要貯水池の管理及び国家年間水管理計画策定の事業計画である。ここでは，将来起こりうる洪水の影響を防止・削減するために，主要なダムや流域の管理計画を策定している。異なるシナリオのもとに水資源管理計画を策定することで，複数のセクターの水利用のバランスを確保し，水管理における貯水池の操作規則を改善する。さらに，一般市民への水に関する情報の提供を行う。

　第3に，既存及び計画施設の機能回復及び改善のための事業計画である。これは，4つの補助事業計画の実施により，洪水の影響を防止・軽減するためのもので，(1) 堤防や水制御施設，排水システムを修復し，各地域での構造物の効果を確実にする，(2) 排水路の改善，水路の浚渫，水路内の障害物の除去を行う，(3) 地域の排水及び堤防越流を防止するため，構造物管理の効率を高める，(4) 国王の構想に従い堤防の強化を行うといったものが挙げられる。長期的には，土地利用計画と共に，放水路または分水路の建設，重要経済地域の洪水防御ための堤防を含む複数の対策を実施する。

　第4に，災害予警報システムと情報センターのための事業計画である。ここでは，データ・システムの構築や洪水予警報システムのモデル作成，及び，水管理組織の設立や警報システムの効率の向上を図るために，(1) 国家水情報センターを設立する，(2) モデル洪水のシナリオに基づいて予報及び災害警報システムを構築する，(3) 主要河川の水位流量観測・監視所の改善・増加，衛星またはリモートセンシングシステムの改善，さらには災害警報の組織・制度を策定することなどによって，国家災害警報システムの強化を目指している。

　第5に，特定地域の緊急状況に対する事前準備の事業計画である。これは，農業，工業，人口稠密なコミュニティ等の重要地域の洪水予防・災害軽減の能力の強化，準備作業からの影響を受けるグループとの交渉のシステムの策定，水防機材のための集積庫の建設，さらに民間の洪水防御システムの評価を総合し，洪水防御・軽減能力の向上を図るものである。

　第6に，遊水地域の指定及び復旧対策のための事業計画である。これは，チャオプラヤ川流域の上下流で遊水地を指定し，当該遊水地への洪水分水計画を策定するもので，当該遊水地は，急激な洪水を一時貯留し，その軽減を図るためのものである。その一方で，指定された遊水地区域（農業用地あるいは未利

用地）の遊水地使用にかかわる補償制度の創設を行う。

　第7に，水管理体制改善のための事業計画である。この計画のもとで，統合的水管理組織を設立する。この管理組織は，緊急時に，速やかな対策の一元的決定ができるだけでなく，計画策定，モニター及び評価，さらに規則や規定の改正も一元的に実施できる。緊急期間において，この一元的管理組織は臨時の特別委員会として首相もしくは副首相が議長を務め，関係各省の大臣と事務次官がメンバーとなる。長期的には，恒常的な国家統合水管理機関として設置される必要がある。

　第8に，大規模洪水管理におけるすべてのステークホルダーからの理解，承諾及び参加を得るための事業計画である。政府及び開発関係者は，洪水及び他の大きな災害のリスク管理に対して，コミュニティ及び住民の協力を求める。事業対象地域で水管理組織をつくり，公共セクターとコミュニティの間に立って活動を行うために，コミュニティの中にボランティアを養成し，住民及びコミュニティが水資源管理に参加する機会を創生する。この事業は首相府が主導し関係各機関も参画する。

　マスタープランは，防災政策の不備による政府対応の反省を踏まえ，大洪水に対する事前的な対策・制度構築を目指しているという点で評価できる。しかしながら，マスタープランを進めるうえで，短期的には，予算承認手続きや入札，契約，用地選定などによる遅延問題があり，長期的には，その計画や実施，各事業間の調整，コンサルタント業者の入札の管理・監視体制について不明確な点が多く，それらをどのように改善していくのかといった問題も横たわっている（スッチャリット，2013, pp.198-199）。

　特に，長期的な災害リスクを削減するという観点からは，いかに住民参加を成しとげるのかということが重要となるが，これについては，市民と共に自治体職員など，コミュニティに参加するすべてのステークホルダーの間で防災教育や防災知識が共有されてはじめて成り立つ。そのうえで，繰り返しとなるが，大洪水のような大規模広域災害に対応するためには，住民と自治体，さらには自治体の間の協力・連携システムといった相互補完的な仕組みが求められるのである。これらは，上記の第8も含め，マスタープランで十分に議論されなければならない重要な論点となる。

　さらに，2012年2月13日には，「水資源・洪水管理運営委員会に関する仏歴

2555年首相府令」が制定され，このもとでシングル・コマンド・オーソリティという，新たな水資源管理組織や指令系統を整備するための制度がつくられた。これは，大洪水発生時に，各担当局と大臣がばらばらな行動をとることで事後的被害が拡大した反省を受けて，首相ならびに閣僚のもとに専門家集団・官僚組織が縦に一元化され，首相の意思決定を受けて動く指令系統の構築を示すものである。シングル・コマンド・オーソリティは，タイではじめて自然災害の予測・警告という高度な科学知識を担う担当各局を招集し，政治決定を下すという新しい組織の形態であると同時に，政策決定の過程を政治家主導のもとで再編し，局支配を乗り越えた新たなリスク管理体制を目指している。しかしながら，その政治家主導の再編過程においては，党派色や特定局に偏った組織再編の問題や大規模インフラ事業につきものの汚職や行政訴訟の問題があることから，これが成功するためには，この問題の解決が重要となる（船津, 2013, p.174）。

最後に，国際的枠組みから見たタイの防災・減災政策について若干ではあるが触れておく。DDPMは，「兵庫行動計画（HFA）」に基づき，タイの『兵庫行動枠組みの実施状況にかかわる成果報告書（2013-2015）(Thailand : National progress report on the implementation of the Hyogo framework for Action (2013-2015))』を作成し，その中で防災・減災にかかわる5つの優先課題を設定し，その進捗状況について検証している。

その優先課題は，①防災を国，地方の優先課題に位置づけ，実行のための強力な制度的基盤を確保する，②災害リスクを特定，評価，観測し，早期警報を向上する，③すべてのレベルで防災文化を構築するために，知識，技術革新，教育を活用する，④潜在的なリスク要因を軽減する，⑤効果的な応急対応のための事前準備をすべてのレベルで強化する，などの5つである。ここでは，個別の優先課題についての検討は行わずに，同報告書の中で，事前的対策として最も重要な防災教育に関連した検証部分だけを取り上げる。

同報告書は，2007年防災・減災法が，あらゆるレベルのすべてのステークホルダーの防災への取り組みに対応するために，1979年に制定された「市民保護法」と1999年制定の「消防法」を統合するかたちでつくられたという点で一定の評価ができるが，同法がいくつかの枠組みを定めている国家防災・減災計画の実施に伴う効果は，国民の防災への意識や理解が低いために限定的となっ

ていること，このため，地域住民や自治体，学校などの社会のあらゆるところで，防災文化を構築していくことが重要になると指摘している。

　また，この防災文化を構築するという点に関しては，次の問題を提示している。タイでは，小学校，中学校，高校，大学のすべての学校のカリキュラムに防災教育が導入されているが，その成果は十分ではないとしている。その理由として，第1に，教育省の政策立案者は災害後の活動を重視しているため，防災教育に優先順位をおいていないこと，第2に，教育の現場では，予算が制限され，適切な人材が不足していることから，学校のカリキュラムに防災教育が反映されないこと，第3に，災害リスクの高い地域にある田舎の学校と比較的災害リスクの低い都市部の学校とでは，防災教育に対する関心が異なっていることなどを挙げている。

　タイでは，大洪水発生時に，1節で取り上げた事前的・事後的対策にかかわる項目に対して，その多くが機能していなかったし，将来的に，マスタープランに基づき，防災・減災を進めていくための法的枠組みをつくったとしても，その主役となるべき国民の防災教育への関心が低かったり，防災知識が欠如したりしていれば，防災・減災への取り組みの効果は半減してしまう。したがって，地道な作業とはなるが，防災・減災の法的・組織的枠組みを整備・拡充していくのと同時に，国民レベルで防災教育を根づかせていくための，ひいては，防災文化の構築に向けた様々なプログラムを整備・拡充していくことが重要となる。

5 タイの大洪水を契機とした日本とタイの相互支援体制

　最後となるこの節では，大洪水を契機とした日本とタイの相互支援事業を事例に，日本の国際支援の役割について，若干の問題提起を行う。この目的に従い，筆者は，2014年12月24日と同年12月26日に，タイの「アジア防災センター（Asian Disaster Preparedness Center：ADPC）」（以下，ADPC）と「国際協力機構（Japan International Cooperation Agency：JICA）」（以下，JICA）バンコク事務所で聞き取り調査を行った。

5-1 タイのアジア防災センターの取り組み

　筆者は，2014年12月24日に，ADPCのWeerapon Sripongchai氏（同研究所のBCM officer）に，防災・減災にかかわるADPCの取り組みについてインタビューを行った。

　ADPCの役割は，自然災害に対する政府の防災意識を高めると同時に，民間部門の防災意識や防災能力をどのように高め，減災を達成していくのか，さらに，タイ国内に留まらず，各国政府と連携することで，いかに減災を成しとげるための仕組みをつくっていくのかということにある。

　Sripongchai氏によると，ADPCは，大洪水発生以前は，政府に対する防災研修を中心に行っていたが，大洪水後は，これに加えて，民間部門，その中でも特に，中小企業向けの減災プロジェクトに力を入れている，とのことである。そのうえで，同氏は国内で防災・減災を進めていくうえで，いくつかの課題を挙げている。

　第1に，中小企業における防災教育や防災意識の欠如にある。この背景として，国の防災政策の基本的枠組みは，マクロレベルでつくられたもので，中小企業に焦点をあててないうえに，中小企業は，自らの顧客や利益にしか興味がないことから防災意識が非常に低く，それゆえ生産活動において災害リスクを軽減することに消極的であるといったことが挙げられる。ADPCは，中小企業が「事業継続計画（Business continuity planning：BCP）[6]」の作成に興味がないこと，さらに，大洪水で最も影響を受けている分野が，主に，①ロジスティック，②「情報通信技術（Information and Communication Technology：ICT），③自動車，④農業・ツーリズムの4つであることなどを受けて，中小企業に対して積極的に「事業継続マネジメント（Business continuity management：BCM）」（以下，BCM）の研修を行っている。Sripongchai氏は，経験上，中小企業にBCMを浸透させるためには，彼らが大企業のBCMを学ぶなかで，大企業の防災・減災活動を理解することが必要であると考えている。

　第2に，政府は，国民の生活を維持するという観点から，アジア各国の政府と連携し，いかに災害対策を強化するための基本的枠組みを構築していくのかということにある。これについては，各国でローカル・スタッフを採用し，防災・減災プロジェクトにかかわる情報を収集することで，自国の災害対策に活

用している。ADPCは，ラオス，バングラディッシュ，ミャンマー，バンコク（ヘッドクオーター）などに活動拠点を置き，プロジェクトの活動資金については，主に「アジア開発銀行（Asian Development Bank：ADB）」から得ている。さらに，Sripongchai氏は，「アジア太平洋経済協力（Asia-Pacific Economic Cooperation：APEC）」（以下，APEC）の災害対策グループの取り組みやマニュアルを学び，それを活用していくことでてタイの防災力を高めていくことの重要性を指摘している。

いずれにせよ，防災・減災を進めていくうえで，広く国民に対して防災教育を実施し，防災知識を深めていくことが必要不可欠であることから，ADPCの職員も防災教育の普及・促進を最優先すべき課題として取り組んでいる。

それにもかかわらず，被災地の住民が洪水後に高台に移転しないのは，①現地の従業員の生活に影響が出る，②立地条件に基づき顧客を失う，③洪水は頻繁には起こらないといった深層心理にある。このことは，災害リスクを軽減するために，いかに国民に対して防災教育を提供し，防災知識を共有するための制度基盤の構築とその活用に向けた地道な努力が重要であるのかを示している。

5-2 日本とタイの相互支援事業と日本の役割－JICAタイ事務所でのインタビューを踏まえ－

本項では，大洪水を契機に始まった「お互いプロジェクト」を概観することで，それが日本とタイの災害リスクの削減に留まらず，産業高度化を目指すタイにとって，どのような意味を持ち，それに対して，日本はどういった支援ができるのか，JICAタイ事務所でのインタビュー調査も踏まえ検討する。

はじめに，「お互いプロジェクト」が生まれた背景とその目的について述べる。タイでは，2011年の大洪水によって，部品代替分野におけるサプライチェーンが断絶し，一部の工場の操業が停止するなど，日本とタイをはじめ世界経済全体に深刻な影響を及ぼしたことに対して，国を越えたサプライチェーンの強化，及び，産業クラスター間の連携の重要性が認識された（JICA・日経ピービー，2014）。

日系企業を中心に外国企業の誘致，それに伴う生産活動によって産業競争力を高めてきたタイでは，製造拠点としての魅力を損なわないよう対策をとるな

かで，サプライチェーンの強化を図ることは急務であったこと，また，日系企業を中心とした先進的な企業との連携を通じた産業の高度化を実現することは喫緊の課題となっていた。こうした状況に対処するため，日本政府の提案により，2011年に発足したのが「お互いプロジェクト」である。

同プロジェクトは，タイ工業省が「国家経済社会開発委員会（National Economics and Social Development Board：NESDB）と連携して実施している。同省は，お互いプロジェクトを災害など不測の事態に備えたネットワーク（両国の中小企業を自然災害から守り，非常時には，お互いがサプライヤーになることなど）に留めず，(1) 日系中小企業によるタイへの進出ならびに海外直接投資を促進すること，(2) 日系インフラ関連企業の技術・ノウハウをタイに導入すること，(3) 日系企業や日系インフラ関連企業の戦略的投資・進出を通じた新たなタイ・ブランドの創出に向けたプラットフォームへと発展させることなどを計画している。

「お互いプロジェクト」においては，当初，JICAの事業の一環として始まったが，2015年10月末時点で，日本からは12の地方自治体が参画し，30以上のプロジェクトが進んでいる（お互いフォーラム資料，2015）。同プロジェクトは，タイにとってメリット（海外直接投資の受け入れによる産業の高度化）があるだけでなく，日本においても，中小企業が新興アジアの成長を取り込むためのビジネスプラットホームとして，また，地方再生の足がかりとして機能している。

次に，タイが大洪水を契機に経済構造改革を目指すなかで，どのような課題を抱えているのか，また，途上国の中でも中進国としての社会・経済構造を持つタイにおいて日本の援助はどのような貢献ができるのか，JICAタイ事務所でのインタビュー調査も踏まえ検討する。

「お互いプロジェクト」でも触れたが，産業の高度化を目指すタイ政府は，経済構造改革として「タイ投資委員会（The Thailand Board of Investment：BOI）」（以下，BOI）の投資恩典制度を見直し，競争力を強化するために，高付加価値産業を奨励する方針へと転換した。BOIは，2013年に，新投資恩典制度の草案を発表し，2015年1月1日に施行されることになった（JETRO, 2013, p.194；JETRO, 2015, p.174）。

新投資恩典制度は，地域別の恩典制度（バンコクから遠ざかるほど恩典が多

くなるゾーン制）を廃止することで，産業別に細かく恩典内容が異なる仕組みに変わった。本制度が恩典の対象として奨励している産業は，①インフラとロジスティック，②基本産業（鉄，石油化学，機械など），③産業支援ビジネス，④医療産業と科学機器，⑤代替エネルギー産業と環境サービス，⑥自動車産業とその他輸送機器，⑦電子・電化機器産業などを挙げている。これに対して，低付加価値産業や環境負荷型産業などは恩典の対象外となる。この構造改革の意味することは，低付加価値産業（労働集約的産業）を国外に出し，高付加価値産業（資本集約的産業）を国内に誘致したいということにある。

この思惑に対して，2014年12月26日に行った，JICAタイ事務所の三好克哉氏（企画調整員）へのインタビュー調査からは，以下のような知見を得た。

タイにおいては，①タイの労働者の賃金は，カンボジアやミャンマー，ラオスなどの周辺国の中では高いので，労働集約的産業は，これらの国に生産拠点を移す方がタイにとって望ましく，また，ラオスは言語も同じなので，ラオスに自国の労働集約的産業の拠点をつくることはさらに望ましい，②資本集約型産業をつくり，それを育成したいタイとしては，日本がいつまでも自国を代替部品の生産拠点として，また，単なる組み立て工場として位置づけるのではなく，資本集約的な関連分野への投資を増やし，それを根づかせてほしいとの希望を持っている，とのことである。

逆に，日本からみて，タイで資本集約的産業分野の拠点をつくる場合の課題として，タイでは，①'新卒でも工学部なら先端技術に関連した知識があると思われているが，実際は，そうでもなく，技術を習得しそれをいかすスキルが低い，②'技術職からみて，1つの企業に留まり，技術研究をするよりも，キャリア・アップを図る方が望ましいと考えているために転職が多く，教育プログラムが組織の中で引き継がれないうえに，中堅技術者が不足しているといったことが挙げられる。これらの課題の克服は，タイで資本集約的産業をつくるための前提条件となる。これに対して，日本の役割は，人的資本を高めるための技術支援や教育支援，さらには，その実践の場としての日本企業へのインターンシップの受け入れなどの活動を通じた，人材育成にある。

比較的順調な経済成長をしてきたタイは，途上国の中でも新興援助国として，被援助国から援助国へと移行し始めており，技術協力の実施を行う「タイ国際開発協力機構（Thailand International Development Cooperation Agency：TICA）

と借款事業を行う「周辺国経済開発機構（Neighboring Countries Economic Development Agency : NEDA）」を設立して，周辺国を中心とした途上国向け援助を展開するなど，援助国としての体制強化を進めている。したがって，日本はタイでの協力事業を実施するうえで，従来の援助と被援助の関係から国際協力におけるパートナーシップへと発展させていく必要がある（JICAタイ事務所，2014）。このような状況において，日本は援助の基本方針として，日本とタイとの政治・経済・社会面での緊密な関係を踏まえた戦略的パートナーシップに基づき両国の利益を高めていくような協力を推進し，ASEAN・メコン地域の均衡のとれた発展に貢献することを掲げている。

　この方針にしたがって，日本は，タイに対して，大洪水を踏まえた洪水対策の推進，環境関連，産業人材の育成，日タイ経済連携の強化，日本の新成長戦略の実現などを通じた競争力強化のための基盤整備，日タイ連携による研究能力の向上，研究機関や研究者間のネットワークの強化といった支援を行っている。また，社会の成熟化に伴い取り組むべき課題においては，環境問題や高齢化問題，社会的弱者支援などが挙げられるが，こうした課題に対して，タイは独自に解決することは困難である。このため，日本はタイに対して自らの知見や経験をいかし，これらの分野への支援に取り組んでいる。

　具体的には，技術協力プロジェクトとして，(1) バンコク都気候変動マスタープラン（2013年-2023年）の作成，及び，その実施能力の向上に向けたプロジェクト，(2) 要援護高齢者等のための介護サービス開発プロジェクト，(3) アセアン工学高等学校教育ネットワーク・プロジェクト，(4) 地方レベルの統合中小企業支援普及プロジェクトなどを実施し，これに加えて，個別専門家の派遣事業として，(5) 域内の競争力強化やASEAN経済統合に向けたアドバイザーを派遣し，さらに，研修員の受け入れ事業として，(6) 青少年の育成・職業訓練教育・地域における観光振興や中小企業新興コースなどを設置し，さらに，防災・災害復興支援として，(7) 東部外環状道路の改修計画やパサック側東部アユタヤ地区洪水対策計画などを実施している。

　今後，日本は，タイのように援助国としての役割も担っている中進国に対しては，上記の取り組みのように，彼らが労働集約的産業から資本集約的産業を担い，かつ，地球環境問題や防災・減災にも対応できるような技術協力を行い，さらに，社会の成熟化に向けた様々な制度基盤をつくるための支援をするなか

で，日本もタイに対して投資の安全性を確保するなど，お互いがパートナーシップを築き，双方が発展できるような連携・協力体制を築いていくことが求められる。

　ここで示したタイの事例は，被災国に対して，一方的な支援や援助が受け入れ国の内発的発展を促すわけでもなく，結局のところ，マクロレベルの開発プロジェクトを実施するといっても，その達成に向けた中長期のミクロレベル（地域密着型・草の根）の取り組みが信頼関係の構築に繋がり，それが国や地域の交流を対等にすることで，お互いが共存し発展していくための道標になることを示している。

6 おわりに

　本章では，2011年の大洪水を事例に，タイの水資源管理制度を中心とした防災政策の課題とその不備により洪水被害が拡大したことを明らかにしたうえで，現地でのインタビュー調査も踏まえ，大洪水を契機とした日本とタイの相互支援事業の方向性と重要性について若干の問題提起を行った。

　タイで大洪水が発生した原因は，チャオプラヤ川をめぐる地理的・気候的条件以外にも，自然災害に対応する防災政策，より具体的には，水資源管理制度及びその組織体制の不備，それに起因した防災情報の混乱や国と自治体（バンコク都庁）との間の政治的対立などにあった。これに対して，タイ政府は，災害対応時の反省をいかし，「水資源管理マスタープラン」を策定することで，洪水による損失及び被害の防止と軽減，洪水防御システムと緊急洪水対策能力の改善，警報システム能力の向上，統合的及び持続的な洪水管理システムの改善といった大洪水への事前的な対策・制度構築を目指している。

　ただし，災害リスクを削減するという観点からは，いかに住民参加を成しとげるのかということが重要となるが，これについては，市民と共に自治体職員を含め，コミュニティに参加するすべてのステークホルダーの間で防災教育や防災知識が共有されてはじめて成り立つ。

　これについて，タイの『兵庫行動枠組みの実施状況にかかわる成果報告書（2013-2015）』は，国民の防災への意識や理解が低いことから，地域住民や自治

体，学校などの社会のあらゆるところで，防災文化を構築していくことが重要になると指摘しながらも，教育省の政策立案者が防災教育に優先順位をおいていないこと，教育の現場で防災教育のための予算制限や人材不足によって学校のカリキュラムに防災教育が反映されないなど，多くの課題が積み残されていることを示している。

こうした課題に寄与するためにも，日本は，タイのような中進国に対しては，彼らが労働集約的産業から資本集約的産業を担い，かつ，地球環境問題や防災・減災にも対応できるような技術協力を行い，さらに，防災教育を含め，社会の成熟化に向けた様々な制度基盤をつくるための地道な支援をするなかで，お互いがパートナーシップを築き，双方が発展できるような連携・協力体制を築くことが求められる。

[注記]
1) チャオプラヤ川流域は，チャオプラヤ（Chao Phraya）本流の他，支流であるピン（Ping），ワン（Wang），ヨム（Yom），ナン（Nan），サカエクラン（Sakaekrung），パサック（Pa Sak），及び，タチン（Tha Chin）を含む8流域からなり，その流域面積は157,925km^{2}にのぼる。流域内人口は，おおよそ2,500万人を数え，年平均雨量は1,300mm，平均年流出量は33,123MCM（Million Cubic Meter =100万㎥）である。流域北部における貯水能力は，25,773MCM，一方，中下流の中央平原での貯水能力は2,124MCMに過ぎない。また，チャオプラヤ川の疎通能力（氾濫しない洪水流量）は3,500m^3/sである。水管理資源管理戦略委員会・水資源管理戦略委員会事務局・国家経済社会開発委員会事務局（2012）p.1を参照。
2) 2012年度のタイ実質GDP成長率は，洪水からの復興需要やタイ政府の内需拡大政策により国内消費や投資が増加したことで，6.5%となった。ただし，タイでは，2013年に入ると経済成長率は鈍化しているうえに，人手不足や賃金上昇の問題が深刻化しているほか，投資優遇制度の見直しを検討するなど，今後の投資環境への変化が注目される。JETRO（2013）pp.188-194。
3) チャオプラヤ川の治水対策の背景については，大泉 2012, pp.27-28を参照している。
4) PBSの評価を決定づけたのは，ランシッド大学のセーリー博士の被災地情報に関する解説にある。セーリー博士の解説は，①自ら現地に出向いて被災状況を確認する，②データに基づいて洪水の広がる速度や地域など次の展開を予測し，注意点を伝える，③地図やグラフを使いわかりやすく説明するといった特徴があった。詳しくは，田中（2012）pp.36-40を参照されたい。
5) タイにおける住民の防災意識の低さと防災教育の課題については，Thailand（2015）を参照されたい。この問題については，3-3節で触れる。

6) BCPは，事故や災害などの緊急事態が発生したとしても，最低限の事業を継続でき，かつ，しかるべき期間で事業が復旧できるように取りまとめられたマニュアルや手順などの文書である。これに対して，BCMは適切なBCPを策定するために，組織にとってどのようなリスクが存在するのか，また，そのリスクが顕在化した時にはどのようなインパクトがもたらされるのか，さらには，事故や災害後の回復期間はどの程度なのかといったことを事前に検討するための一連のプロセスとなる。したがって，BCMの成果物がBCPとなる。これらの定義については，緒方・石丸（2012）pp.46-47を参照している。

7) 中進国とは，低開発状態からは抜け出し，急速な工業化と高い経済成長を実現していて，後進国よりも所得が多いが，先進国よりは所得の低い国々を表す。国連や世界銀行によると，1人当たりGNI（国民総所得）が4126〜7184ドルを中進国として定めている。アジアでは，これに，タイや中国などが該当する。中進国の所得区分については，JICA（2015）を参照している。

[参考文献]

大泉敬一郎（2012）「タイの洪水をどう捉えるか－サプライチェーンの自然災害リスクをいかに軽減するか－」『環太平洋ビジネス情報』Vol.12No44, pp.24-48。

大友有（2015）「タイにおける防災・減災政策」『アジア太平洋討究』No24,pp.109-121。

緒方順一・石丸英字（2012）『BCP（事業継続計画）入門』日経文庫。

お互いフォーラム資料（2015）『お互いフォーラム（2015年10月版）』（https://otagai.asia/doc/otagai_forum_151014.pdf）。

川崎昭如他（2012）「2011年タイ国チャオプラヤ川洪水における緊急災害対応－政府機関の組織間連携と情報共有に着目して－」『地域安全学会』No.17, pp.1-9。

阪本真由美・阪本将英・河田惠昭（2008）「インド洋津波災害における復興支援の有用性と課題－バンダ・アチェの事例より－」『アジア・アフリカ研究』第48巻4号, pp.49-64。

スッチャリット・クーンタナクンラウォン（2013）「タイ2011年大洪水後の短期治水対策」, 玉田芳史・星川圭介・船津鶴代編『2011年大洪水－その記録と教訓―』アジア経済研究所, pp.181-201。

田中孝宣（2012）「2011年タイ大洪水－混乱した政府の防災情報と放送局の役割－」『放送研究と調査』2012年7月号, pp.32-43。

玉田芳史（2013）「洪水をめぐる対立と政治」, 玉田芳史・星川圭介・船津鶴代編『2011年大洪水－その記録と教訓―』アジア経済研究所, pp.123-160。

玉田芳史・星川圭介・船津鶴代編（2013）『2011年大洪水－その記録と教訓―』アジア経済研究所。

船津鶴代（2013）「タイ2011年大洪水と水資源管理組織－統合的指令系統の構築をめざして―」, 玉田芳史・星川圭介・船津鶴代編『2011年大洪水－その記録と教訓―』アジア経済研究所, pp.161-180。

水管理資源管理戦略委員会・水資源管理戦略委員会事務局・国家経済社会開発委員会事務局（2012）『水資源管理マスタープラン』。

Aon Benfield（2012）*2011 Thailand Floods Event Recap Report: Impact Forecasting March 2012*（http://thoughtleadership.aonbenfield.com/Documents/20120314_impact_forecasting_thailand_flood_event_recap.pdf）．

The World Bank（2012）*Thai Flood 2011: Overview Rapid Assessment for Resilient Recovery and Reconstruction Planning*（www.gfdrr.org/sites/gfdrr/…Thai_Flood_2011_2.pdf）

JETRO（2012）『ジェトロ世界貿易投資報告（2012年版）』。

JETRO（2013）『ジェトロ世界貿易投資報告（2013年版）』。

JETRO（2015）『ジェトロ世界貿易投資報告（2015年版）』。

JICA（2010）『タイ国防災能力向上プロジェクト（フェーズ2）詳細計画策定調査最終報告書』。

JICA（2015）『2015年度　円借款主要国所得別階層分類（国連及び世銀の分類による）』（www.jica.go.jp/activities/schemes/…/reference_01.pdf）。

JICA・日経ピーピー（2014）『タイ国　日タイ・産業クラスターリンケージ強化（「お互い」プロジェクト）のための体制整備－ファイナル・レポート－』（http://open_jicareport.jica.go.jp/pdf/12148201.pdf）。

JICAタイ事務所（2014）『タイにおけるJICA事業概要』。

Thailand（2015）*National progress report on the implementation of the Hyogo framework for Action (2013-2015) -final report-*
（http://www.preventionweb.net/files/41674_THA_NationalHFAprogress_2013-15.pdf）．The World Bank（2012）*Thai Flood 2011: Overview Rapid Assessment for Resilient Recovery and Reconstruction Planning*（www.gfdrr.org/sites/gfdrr/…/Thai_Flood_2011_2.pdf）．

第4章

自然災害リスクに対するリスク・ファイナンス
―アジア太平洋地域の新興国における現状と課題―[1)]

1 はじめに

　国際連合アジア太平洋経済社会委員会（United Nations Economic and Social Commission for Asia and the Pacific : UN ESCAP）が公表したAsia-Pacific Disaster Report 2015によれば，アジア太平洋地域は「世界で最も自然災害が起きる地域」である。2005年から2014年の10年間に，アジア太平洋地域では1,625件の自然災害が報告されており，これは世界全体での自然災害発生件数の40％以上にあたる。同じ10年間でのアジア太平洋地域における自然災害による死者数は50万人，被災者数は14億人，経済損失額は5,230億ドルであり，それぞれ世界全体の60％，80％，45％を占めている（UN ESCAP, 2016, p.3）。

　本章は，このように自然災害リスクにさらされているアジア太平洋地域の中でも，特にリスク対応力が不十分であろう新興諸国における，リスク・ファイナンス（保険が中心）の現状と課題について，論考するものである。

　リスク・ファイナンスとは，災害や事故に遭った場合に，経済主体が事業を継続するために必要となる資金（応急費用や復旧費用）を確保することであり，保険がその代表的な手段である。企業は，様々な「防災・減災活動」を通じて，被災する可能性を極力低くしようと努めるものの，その可能性をゼロにすることはできない。したがって，災害が発生して自らが被災した場合に，発生した損害から早期に復元・回復するためには，「事業継続計画（Business Continuity Plan : BCP）」を策定しておく必要がある。企業や国などの経済主体が，自然災害リスクに対するレジリエンスを高めるためには，事前予防としての「防災・減災活動」と，事後対応としての「BCPの整備」とを，バランス良く強化するべきと考えられる[2)]。リスク・ファイナンスは，事後対応の要であるBCPの一部

であり,BCPを実際に発動するための財務的な根幹であると捉えることができる。

本章においては,まず第2節で,自然災害リスクに対するリスク・ファイナンス態勢に政府が関与している例として,タイを見る。次に第3節では,フィリピンにおける,NGO主導でのマイクロインシュアランスの現状を見る。第4節では,政府の対処能力もNGO育成も未成熟な太平洋島嶼国における,国際機関や先進国政府のリスク・ファイナンスへの関与状況を見る。

最後に第5節で,2節から4節で取り上げた事例から抽出される,アジア太平洋新興国での自然災害リスクに対するリスク・ファイナンスの課題と,日本になし得る貢献活動について考察する。

2 タイ—政府の関与—

2-1 2011年タイ大洪水

2011年の9月から10月にかけて,タイ中部で大洪水が発生し,大きな被害をもたらした。記録的な大雨により,国土を縦断するチャオプラヤ川の水量が増えて堤防が決壊したため,タイ77都県中44県で洪水が発生し,800人以上の死者を出した。10月に中部のアユタヤ県とパトムタニ県で7つの工業団地が次々と水没し,日系企業450社を含む800社が被災した一方,首都バンコクでも浸水が長期化した[3][4]。

浸水面積は4万5,000平方キロメートルを超え,これは日本の九州の面積よりも大きい。工業団地での浸水は,深い所では3メートルに達した。

洪水は,津波とは異なりゆっくりしたスピードで押し寄せるため,東日本大震災と比べて死者の数は800人程度と少なかったが,被災者の数は極めて多く,1,360万人を数えた。タイ大洪水は「流出した水量と被災者数において,史上最悪の洪水」と表現されるに至った(石井,2013, p.38)。

タイ大洪水では,7工業団地を中心に製造業の被害が甚大であった。洪水による損害額を産業別に見ると,製造業の損害額は,洪水による損害額全体の約7割を占める(玉田ほか,2013, p.78)。これは,一般の個人住宅の被害が圧倒的

に大きかった東日本大震災とは対照的である。経済被害の規模も、タイでは直接経済被害額が300億ドル程度と推計され、これはタイのGDP比9.4％であるのに対し、東日本大震災の直接経済被害額は16.9兆円（内閣府推計）[5]であり、本邦GDPの3.5％であった（石井，2013, p.39）。1国の経済規模に対する衝撃という点において、タイ大洪水は並外れたものであったといえよう。

2-2　日本の損害保険会社の対応

在タイの日系企業が甚大な被害を受けたことから、日本の損害保険会社においては、図表4-1のとおり多額の保険金支払いが発生した。

図表4-1　自然災害に係る発生保険金（日系損害保険会社，2010及び2011年度）

	2011年度			2010年度
	発生保険金	正味保険金	未払保険金	発生保険金
国内自然災害	2,217億円	1,795億円	422億円	2,479億円
タイ大洪水	5,017億円	1,556億円	3,461億円	―
合計	7,235億円	3,351億円	3,884億円	2,479億円

出所：日本損害保険協会ホームページ。

　タイ大洪水での日系企業への支払保険金は、東日本大震災における企業への保険支払総額の1.7倍といわれる（前掲書，p.43）。タイ大洪水で被災した企業にとっては、この莫大な保険金が、工場の復旧や操業再開に取り掛かるにあたり大いなるサポートになった。これは、保険加入者にとって不測の事態が起きた時に、保険がその機能をいかんなく発揮したものと評価される一方[6]、日本の損害保険会社にとってみれば、タイ大洪水では、何故このように多額の保険金を支払うことになったのか、引受責任を過大に負っていたのではないか、という話でもある[7]。

　東日本大震災とタイ大洪水の保険支払額に大きな差が生じた背景には、日本では、企業が「洪水」に対する保険に加入する場合は、火災保険とは別建てで追加保険料を支払って加入しなければならないのに対し、タイでは、「洪水」が

火災保険の保険金給付対象となる担保事故の範囲に自動的に含まれていた，という事情がある。さらに，利益保険についても，日本では，火災保険に付随して加入できる利益保険と，「洪水」に対する保険は取扱いが別であるが，タイでは，火災保険と同様，利益保険の対象にも「洪水」による損害が含まれていた（前掲書，pp.43-44）。

　巨額の保険金支払いの根底には，タイ大洪水の未曾有の巨大さの他に，損保会社の「タイの洪水リスク」に対する認識の甘さがあった点は否めない（前掲書，p.44）。もちろん，タイのチャオプラヤ川沿いのデルタ地域で昔から洪水が繰り返されていることは，損保会社も含め，関係者は良く承知しており，そこに「洪水リスクの認識」は存在していた。しかしながら，防水壁などの浸水対策が相応に施されている近代的な工業団地で，このように広範囲な洪水被害が，同時多発的に7つもの工業団地を浸水させるような形で起きる事態は，誰も経験したことのないものであった。タイ大洪水がいわゆる「想定外」の事態であった点は，損保会社としても如何ともし難かったといえよう。

2-3　大洪水後の保険制度－タイ政府主導での自然災害保険基金－

　海外の再保険会社が，タイにおける洪水リスクに係る再保険の引受けに慎重になる動きが顕在化したこともあり，タイ大洪水直後から，日系企業は，タイでの洪水被害に保険を掛けることが困難になった。

　日系企業にとって，たとえ自然災害リスクが相応に高いとしても，「日本の工場」，「アジアでの生産拠点」としてのタイの重要性は不変であり，軽々に撤退する訳にはいかない。しかしながら，自然災害リスクに対する保険，特に洪水リスクに係る保険を手当てしないまま，生産拠点をタイに置くことは，命綱をつけずに高所をわたるような真似であり，タイ進出企業にとって「保険加入」は企業戦略上の死活問題である。

　一方，タイ政府にとっては，タイが「ASEAN内での製造業のハブ」であり続けることは，国家経済方針の根幹であり，日系企業をはじめとする外国企業に，タイの工業団地に留まってもらうことが極めて重要である。

　洪水リスクに対する保険機能が継続的に必要であることを，タイ政府は危機感をもって強く認識し，その結果，政府主導で資金を拠出して「自然災害保険

基金 (National Catastrophe Insurance Fund：NCIF)」を創設し,「巨大自然災害保険 (Catastrophe Insurance Policy：CIP)」の提供を開始するに至った(玉田ほか,2013, p.91)。NCIFが再保険を民間損保会社から引き受けることによって,洪水リスクへの補償を,日系企業等の保険契約者に提供する仕組みである(図表4-2参照)。

図表4-2　タイの自然災害保険基金

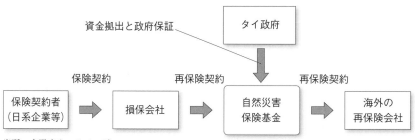

出所：金融庁ホームページ。

　金額の規模としては,タイ政府が500億バーツ(約1,350億円)を拠出して基金をつくり,再保険を通じた保険枠は,想定最大損失額の3,000億バーツを確保したとのことである。[12)]

　CIPは,一般世帯(掛金0.5%),中小物件(火災保険の財物保険金額5,000万バーツ以下,掛金1%),大規模物件(同5,000万バーツ超,掛金1.25%)の3種類にわかれており,企業向け保険である中小物件・大規模物件については,企業が加入している火災保険の財物保険金額の30%までをカバーするものである(前掲書, p.91)。[13)]これにより,日系企業等は,少なくとも一定額の洪水補償を得られることになった。

　なお,日本では,個人の家屋向けの地震保険が「家計地震保険」として,政府と民間損保会社により共同で運営されているが,この「官」と「民」が共同する日本の制度やノウハウを,タイ政府はNCIF創設にあたって参考にした。[14)]その後も,日本の金融庁は,タイの災害保険の充実化等を継続支援している。[15)]

2-4　タイの洪水リスク保険の課題

　自然災害リスクに対する保険は，一般にはCATモデル（Catastrophe Model）を使って設計される。CATモデルとは，様々な要素をデータ化してコンピュータ・シミュレーションを行い，災害の発生頻度と被害規模を数量化して予測するものである。これに基づいて，保険会社あるいは再保険会社は，保険料率や再保険料率，その他の保険引受条件を決定する。[16]

　リスクモデリング会社は，このCATモデルを専門的につくっている会社であり，世界にはRMS（Risk Management Solutions），AIRワールドワイド，EQECATの大手3社がある（エーオン ベンフィールド ジャパン，2012, p.3）。これら3社は，1980年代後半から90年代前半にかけて，いずれもアメリカで設立された。

　これらの会社が設立されて，はじめて「自然災害リスクの分析モデル」が登場した。リスクモデリング会社は大きく分けて，以下3つの分析研究をしている（前掲書, p.1）。

(1) 自然災害の計測技術の研究。風速や降水量や地震のマグニチュードといった自然災害のデータを，いかに集めるのか，データ収集に関する研究。
(2) こうして集めた，過去の災害に関するデータを分析し，確率・統計的シミュレーションを繰り返して，評価を行うこと。この分析には，膨大な計算を伴うことから，近年のICT技術の発展によるところが大きい。
(3) 自然災害の発生場所等の地理データの収集。実際にどこで自然災害が発生したのかを特定するための研究。地理情報システム（Geographic Information System：GIS）や，センシング技術を使っての全地球測位システム（Global Positioning System：GPS）の発展が後押ししている。

　自然災害リスクに関しては，リスクモデリング会社が構築する分析モデル，すなわちCATモデルが，損害保険や再保険の世界における共通言語のような存在になっている。

　しかし，タイでは，洪水リスクに対するCATモデルが構築されておらず，また，モデル構築の基になるデータも乏しい状況であった。このことが，日系損

保会社による洪水リスクの過大引受けを招来し，大洪水後の保険市場の機能不全にも繋がったものと考えられる。

もっとも，ジュネーブ協会（The Geneva Association）[17]は，洪水リスクに対する保険の設定（CATモデルの構築）の難易度が高いことを，以下の理由と共に指摘している。[18]

(1) 洪水においては，河川の氾濫，高潮，都市部の集中豪雨など，地形により発生のパターンや広域化の度合いが多様であること。
(2) 建物や地下構造物の構造や収容物の属性により，損害額が異なってくること。
(3) 海水温の変化や海面上昇などが今後さらに高まることが予想される中，地上のデータと比べてデータ蓄積量が少なく，リスクモデルの構築に負荷がかかること。
(4) 同じ国の中でも地域によってリスクに濃淡があるため，「大数の法則」が機能しにくいこと。

タイの洪水リスク保険の本質的な課題は，「CATモデルの不存在」である。この課題を放置したまま，単にタイ政府のサポートに依拠する状況は，持続可能ではない。中長期的に，安定して洪水リスク保険を供給するためには，上述の困難さはあるものの，地道にデータを収集し，少しでも信頼性の高いCATモデルを構築するべく，一歩ずつ前進していくことが必要だと考えられる。

3 フィリピン―NGO主導でのマイクロインシュアランス―

3-1 マイクロファイナンスの一環としてのマイクロインシュアランス

はじめに，マイクロファイナンスと，その一環としてのマイクロインシュアランスについて概観する。[19]

マイクロファイナンスとは，金融取引から排除されてきた低所得者層に対す

る,小規模で小口の金融サービス(融資,貯蓄,保険など)のことである。

このうち,小口融資であるマイクロクレジットについては,1980年代にムハマド・ユヌスがバングラデシュで創設したグラミン銀行の存在によって,広く知られている。グラミン銀行は,(1)融資する相手は女性が中心,(2)融資を受けた個人は,グループを組んで毎週の集会時に連帯責任のもと返済していく,(3)借り入れを完済すると融資枠が増額されるので,着実に返済していくインセンティブが借り手に与えられている,といった貸し手・借り手双方に規律が働くユニークな仕組みにより,貧困層向け無担保融資でありながら,高い返済率を保つことができた。

しかしながら,融資だけでは,一家の大黒柱の死亡や大規模な自然災害といった不測の事態に備えることはできない。そこで1996年,グラミン銀行から派生する形で,保険事業を担うグラミン・カリヤンが設立され,マイクロインシュアランス(小口保険)の提供が始まった。現在では,マイクロクレジットと,それを補完するマイクロインシュアランスとを統合した全体を,マイクロファイナンスと捉えることが一般的である(米澤,2011,p.6)。

このような歴史的経緯にあるマイクロインシュアランスは,単に「保険料が低廉な,小口化された保険」ではなく,商品内容が理解しやすく,事務手続きが簡易であるなど「低所得者層が実際に購入できる保険商品」であることが特徴である。

なお,保険監督者国際機構(International Association of Insurance Supervisors : IAIS)[20]は,マイクロインシュアランスを以下のように定義している。

> マイクロインシュアランスは,多様な主体によって提供される,低所得者が利用できる保険であるが,一般に公正妥当と認められた保険実務慣行(IAISが定める保険基本原則(Insurance Core Principles : ICP)を含む)にしたがって運営されるものである。ここで重要なのは,マイクロインシュアランスによって保障されるリスクは,保険原則に基づいて管理され,保険料で賄われることである。したがって,マイクロインシュアランスの活動自体は,国内法のもと,当該国内の保険規制/監督主体ないしは正当な権限を持つその他の主体の権限内に置かれる。
>
> マイクロインシュアランスは,それゆえ,政府による社会福祉(社会福

社は，リスクに対する保険料で賄われることはなく，保険料のプールから給付金が支払われる訳でもない）とは別物である[21]。

マイクロインシュアランスといえども，通常の保険と同様，保険料のプールによってリスクが保障されるビジネスであることが定義として示されている点には，注意が必要である。

3-2　フィリピンにおけるマイクロファイナンス及びマイクロインシュアランス

フィリピンでは，1970年代から80年代にかけて，銀行からの借り入れが困難な貧困層に対し，政府が市場金利を下回る利率での「低利信用プログラム」を実施していた。しかし，このプログラムは，貧困でない層に融資先が偏り，当初意図した受益者に届かなかったことに加え，腐敗や低返済率といった問題が発生するなどして，失敗に終わった（雨森，2010，p.72；関屋・伊藤，2012，p.75）。

かかる状況下，財務省傘下の連絡調整機関として1993年に設立された全国金融評議会（National Credit Council：NCC）は，「マイクロファイナンス国家戦略」を策定し，マイクロファイナンスを公式に認知した（雨森，2010，p.67）。過去の失敗に鑑み，貧困層への融資供与においては政府機関による直接的実施を排除し，民間セクターの役割を重視すると共に，政府の役割は市場が効率的に機能するよう環境を整備することであるとして，市場志向の原則を導入した（関屋・伊藤，2012，p.75）。

現在のフィリピンは，マイクロファイナンスに関する政策と監督体制が整っている，ASEANでも数少ない国の1つであり，マイクロインシュアランスについても一定の制度化がなされている。同国の保険法には，生命保険事業者，非生命保険事業者，複合保険事業者，共済組合（Mutual Benefit Association：MBA）の4つの事業体が規定されているが，このうちの共済組合が，マイクロインシュアランスを取り扱っている（雨森，2008，p.145）。

共済組合は非営利目的の会員制組織である。協同組合に似ているが，非出資型の組織である点が協同組合とは異なる。共済組合では，原則としてすべての組合員が同額の保険料を支払い，同額の給付を受けるので，低所得者層の相互

扶助に適した組織形態だといえる。かつての共済組合の多くは政府職員，警察官，教員を構成員とするものであり，低所得者層向けにマイクロインシュアランスを提供するものはなかったが，3-3で述べるCARD MBAが1999年に設立されたのを皮切りに，今では相当数の共済組合が，マイクロインシュアランスを取り扱う事業者として，財務省傘下の保険委員会（Insurance Commission）から認可を受けている（雨森，2010, p.70）。

保険委員会は，低所得者層の保険への実効ある参加，及び保険産業の安定と健全な発展のために「マイクロインシュアランスを支援する政策環境」を整えることを基本スタンスとしており，CARDグループをはじめとする事業者と対話を行いながら政策を進めている。換言すれば，民間セクターが，政府の政策に対し一定の影響力を持っているといえる（前掲論文, pp.70-71）。

3-3 CARDグループのマイクロインシュアランスへの取り組み

フィリピンではもともとNGO（非政府組織）や協同組合が発達していたこともあり，同国のマイクロファイナンスの発展は，非営利の社会開発組織であるNGOが牽引してきた。フィリピン最大のマイクロファイナンス運営主体であるCARDグループもまた，NGOをその始まりとする。

「土地を持たない貧困女性のため，彼女たち自身によって所有され経営される銀行を設立する」という理念のもと，1986年，CARD Inc. がNGOとして設立された。1990年にグラミン銀行から小規模融資のノウハウを全面的に取り入れ，女性のみを対象とする連帯保証性の融資を開始してから軌道に乗り，マイクロクレジットを本格的に拡大した。1997年には，フィリピンのマイクロファイナンスNGOとしてはじめて中央銀行から銀行設立認可を取得し，CARD Bankという銀行（農村銀行）を設立した。なお，CARD Inc. は銀行設立後もNGOとしてマイクロクレジットを継続している。

その後，1999年に，マイクロインシュアランス業務を行うCARD MBAが設立された。この共済組合は，利用者の強い要望によって1994年に導入された互助基金を，その前身とする。会員が死亡した場合には，この基金から未返済金の清算と埋葬料の支払いが行われていた。しかし，この互助基金は，保険原理に基づいた仕組みではなかったため持続することができず，2年後に活動をい

ったん停止した。その後設立されたCARD MBAは、保険原理を正式に取り入れ、持続可能性を高めている。

　CARD Inc.（NGO）とCARD Bank（銀行）の新規会員は、CARD MBA（保険の共済組合）への加入が義務付けられる。マイクロインシュアランスは会員のニーズが高いため、保険強制加入への抵抗はあまりないようである[24]。このような連携によってCARD MBAは会員数を順調に伸ばしており[25]、フィリピンのマイクロインシュアランス業界で突出して大きな存在となっている（雨森、2008、pp.145-146；関屋・伊藤、2012、p.77）。

　CARD MBAのユニークな取り組みとして、会員自らが制度の運用に参加していることが挙げられる。会員の中から選ばれた人たちが取りまとめ役となって、保険請求に際して実地検分（査定）を行うのである。この人たちは村に住んでおり、村人の事情に精通しているので、容易に査定を行うことができる。その結果、保険金が下りるまでの期間が大幅に短縮されると共に、CARD MBAの経費削減にも寄与している（雨森、2008、p.147）。

　今やCARDグループは、CARD MRI（Mutually Reinforcing Institutions）を標榜し、図表4-3のとおり複数の機関から構成される、マイクロファイナンスの一大運営主体となっており、2008年には、「アジアのノーベル賞」と呼ばれるラモン・マグサイサイ賞を受賞するに至っている。

3-4　マイクロインシュアランスの課題

　マイクロインシュアランス全般の抱える課題として、「ビジネスモデルの脆弱性」と「過去データの蓄積不足」が挙げられる。

3-4-1　ビジネスモデルの脆弱性

　マイクロインシュアランスの加入者は、いわゆるBOP（Bottom of the Pyramid）層であり、基本的に教育水準が低いため、「保険とは何か」を良く理解することができず、理解したとしても、保険料を支払うインセンティブが湧かずに滞納しがちな傾向にある。これは、マイクロインシュアランス事業の継続を困難ならしめる。

　また、先進国も含めた保険制度全般に共通の問題として、逆選択とモラルハ[26]

図表4-3 CARD MRIの構成

機関名	設立年	概要
CARD Inc.	1986	マイクロファイナンスNGO
CARD Bank Inc.	1997	フィリピンでNGOが設立した初のマイクロファイナンス農村銀行
CARD Mutual Benefit Association	1999	マイクロインシュアランス提供
CARD MRI Development Institute	2006	スタッフ，顧客，外部の研修
CARD MRI Insurance Agency	2007	保険会社と提携して様々な保険ニーズに対応
CARD SME Bank	2007	マイクロファイナンス卒業生の金融ニーズへの対応
CARD Business Development Services (BDS) Foundation Inc.	2008	会員向けBDS提供
CARD MRI Information Technology Inc.	2010	CARDグループのデータベース管理
BotiCARD Inc.	2011	安価で良質な薬の販売

出所：関屋・伊藤，2012年，p.77。

ザードの問題があるが，マイクロインシュアランスにおいては，これらの問題がより先鋭化した形で噴出する。

マイクロインシュアランスでは，加入推進を目的に，わかり易くて簡素な商品設計になっていることから，基本的には「保険料は全員一律」であり，加入条件も極めて緩いことが多い。そのため，危篤状態の病人までが加入し，すぐに死亡して保険金を請求されるといった，著しい逆選択問題が発生してしまう。このような「保険契約時点よりも過去に原因が発生しているリスク」を保障することは，「将来起こり得るリスクに対応するための手段」である保険本来の機能から逸脱している。

また，保険加入者が持っている家屋や家財がもともと粗末なこともあり，これを自分で壊して保険金で新規に購入しようというような，極端なモラルハザードも起きてしまう。

ここまでは加入者サイドの問題だが，マイクロインシュアランスの業者サイドの問題としては，悪質業者の問題がある。社会的弱者の味方を装って貧困層に近づき騙すような業者にまつわる被害も，顕在化してきている。[28]

このままでは，健全で篤実なマイクロインシュアランス業者のビジネスが立

ち行かなくなってしまう可能性がある。それではマイクロインシュアランスに「官（政府）」を関与させるべきであろうか。

官の関与において新興国で必ず障害になるのが，賄賂，腐敗，汚職の問題である。金融ビジネスにおいて官を関与させると，官（役人）の一部が自分の知り合いに対して情実で，あるいは賄賂を受け取ることで，自らの権限を行使して有利に取り計らってしまう。事実，フィリピンで官主導の「低利信用プログラム」が1980年代に失敗に終わったことは，3-2で述べたとおりである。

また，「民」ではなく「官」が主導することで，コスト意識や予算管理が甘くなり，業務が非効率になって採算がとれなくなってしまうケースは，洋の東西を問わず枚挙にいとまがない。

したがって，マイクロインシュアランスに関する「官」の役割としては，「保険や金融全般に関する正しい知識を国民に教育・啓蒙する（保険・金融リテラシーの向上）」，「法令を整備して業者の透明性・ガバナンス・財務健全性を高めるよう誘導すると共に，業者を監督する」，「業者が持続できなくなった時のセーフティネット（資金注入等）を準備する」といった，「民」が活躍できる環境（金融制度，法令，規制を含む）の整備に特化すべきものと考えられる。

フィリピンは，保険委員会をはじめとする「官」が，「民」を過剰に規制せず，民間事業者と対話を行いながら政策を進めてきたことによって，ASEAN随一のマイクロファイナンス大国となっている。今後も，必要な規制等を導入しつつも，健全なビジネス環境が維持され，「低所得者層におけるマイクロインシュアランスの裾野拡大・サービス増進」と「マイクロインシュアランス業者の持続可能性向上」とがバランス良く両立していくことが期待される。

3-4-2　過去データの蓄積不足

マイクロインシュアランスにおいては，過去のデータの蓄積が不十分だといわれている（米澤, 2011, p.11）。例えば，バングラデシュのマイクロインシュアランス業者であるグラミン・カリヤンでは，保険料の算定を，自社の事業経験における試行錯誤の結果に基づいて行っており，社内データも手作業で管理されているようである（前掲論文, p.7）。

また，保険原理を導入しているというフィリピンのCARD MBAも，2013年11月，カテゴリー5のスーパー・タイフーンである台風30号「ハイエン（フィ

リピン名ヨランダ)」がフィリピン中部を直撃し，レイテ島に高潮など激甚な被害が生じた際には，苦境に立たされた模様である。このスーパー・タイフーンは，フィリピンを襲った最も強い台風の1つであり，1,410万人近くの人が被災し，甚大な経済損失を同国にもたらした (UN ESCAP, 2016, p.30)。2-2でも述べたように，かかる大規模な自然災害リスクへの対応は，どんな保険会社にとっても難しい面がある。とはいえ，必要な各種データを収集・蓄積し，合理的な保険数理計算を目指していくことは，マイクロインシュアランス業者にとって将来の重要な課題であろう。

4 太平洋島嶼国－日本政府と世界銀行の関与－

4-1 太平洋島嶼国の状況

世界銀行によれば，太平洋島嶼国は，自然災害に対して世界で最も脆弱と見られ，何百万ドルという損害や何万人もの生命が脅かされる危険性をもった地域である。GDPに対する年間平均被災額のワースト20のうち8カ国が，太平洋島嶼国である[29]。

また，国連大学環境・人間の安全保障研究所は，世界の自然災害リスクについて，28の指標で脆弱性や行政の対処能力などを分析して算出した「ワールドリスクインデックス (WRI)」を，「ワールドリスクレポート」の中で毎年公表しているが，このレポートの2016年版によれば，太平洋島嶼国のうちバヌアツ (1位)，トンガ (2位)，ソロモン諸島 (6位)，パプアニューギニア (10位)，フィジー (16位) の5カ国が，WRIワースト20に入っている。ちなみに日本は全171カ国中ワースト17位である (Bündnis Entwicklung Hilft and United Nations University, 2016, p.64)。

4-2 日本政府と世界銀行による，途上国の防災支援への取り組み

以下，若干複雑ではあるが，日本と世界銀行が，途上国の防災支援に対してどのような枠組み・ネットワークを築きながら共同で取り組んできたか，これ

までの経緯を俯瞰してみる。

　かねてより，日本政府と世界銀行は，日本が持つ防災分野の知識と経験を途上国と共有するための協力を進めていたが，この動きを加速するため，2014年2月に「日本－世界銀行防災共同プログラム」（規模：1億ドル，期間：5年間）という，途上国の防災への取り組みを後押しする新たなプログラムを立ち上げた。このプログラムの一環として，日本の知見，技術，経験と途上国のニーズとのマッチングを促進すべく，「東京防災ハブ」が設立された[30]。「東京防災ハブ」は，「世銀防災グローバル・ファシリティ（Global Facility for Disaster Reduction and Recovery：GFDRR）」により運営されている。

　これに先立つ2007年に，「太平洋自然災害リスク評価及び資金援助イニシアチブ（Pacific Catastrophe Risk Assessment and Financing Initiative：PCRAFI）」が立ち上げられた。PCRAFIは，世界銀行，太平洋共同体事務局（Secretariat of the Pacific Community：SPC），アジア開発銀行による共同イニシアチブで，日本政府，GFDRR，欧州連合（EU）から資金提供を受けており，太平洋島嶼国の災害リスク管理の強化，及び気候変動への適応推進に向けて，災害リスク評価及び資金調達手段の提供を目的とする[31]。

　PCRAFIの一環として，太平洋島嶼国の被災後の資金調達能力の強化により，自然災害に対する財務面の強靭性を支援する「太平洋災害リスク・ファイナンス・プログラム（Disaster Risk Financing and Insurance Program：DRFI）」がある[32]。

　以上のような，世界銀行の多層的な枠組みの中，4-4で述べる「太平洋自然災害リスク保険パイロットプログラム」は，DRFIの一環として位置づけられるプログラムである。

4-3　太平洋自然災害リスク保険パイロットプログラムの誕生に至るまで－太平洋・島サミットでの日本政府の提唱－

　ミクロネシア[33]，メラネシア[34]，ポリネシア[35]諸国といった太平洋島嶼国は，多数の日系人が在住し歴史的に親日的であること，国連をはじめ国際社会での日本の立場を支持していること，日本のマグロ・カツオの主要漁場であると共に天然資源の海上輸送路であることから，日本にとって重要な国々である。一方，

これらの国々は「狭い国土が海洋上に散在しており，国内市場が小さい」，「主要国際市場から地理的に遠く，輸送コストが高い」といった課題に加え，4-1で述べたように「自然災害や気候変動等の環境変化に弱い」という深刻な問題を抱えている（外務省，2016, pp.2, 5）。日本は，かかる諸課題について首脳レベルで緊密な意見交換を行い，太平洋島嶼国との関係を強化することを目的に，1997年から3年ごとに「太平洋・島サミット（Pacific Islands Leaders Meeting : PALM）」を開催している[36]。

　2009年5月に北海道占冠村トマムで開催された第5回太平洋・島サミットにおいて，麻生首相（当時）は，環境・気候変動問題に協力して取り組む「太平洋環境共同体」構想のもと，幅広い協力関係を構築することを提唱し，太平洋島嶼国からは同構想への支持と，日本のリーダーシップへの期待が表明された[37]。

　具体策として，日本政府は財務省を中心に，太平洋島嶼国が大地震や巨大サイクロン等の自然災害に見舞われた際に復興費用を補償する保険制度を，世界銀行やオーストラリア，ニュージーランドと共同で創設する方向で，検討を開始した[38]。太平洋島嶼地域での大規模自然災害が増加傾向にある中，被災国の財政負担を軽減し，地域の安定化に繋げることが狙いである。

　翌第6回太平洋・島サミットは，2012年5月，沖縄県名護市で開催された。野田首相（当時）は，東日本大震災の教訓を各国首脳と共有することを強調しつつ[39]，島嶼国との共同事業（joint endeavor）として，2012年11月に「自然災害リスク保険（catastrophe-risk insurance）」の展開に向けたパイロットプログラムを，世界銀行と協力して実施することを表明した[40]。

4-4　太平洋自然災害リスク保険パイロットプログラムの仕組み

　その後，関係者による具体的検討が進み，2013年1月18日，マーシャル諸島，サモア，ソロモン諸島，トンガ，バヌアツの5カ国を対象とした「太平洋自然災害リスク保険パイロットプログラム」の施行が，世界銀行から発表された。これは，日本政府と世界銀行（及び太平洋共同体事務局（SPC））が協力して立ち上げた災害補償プログラムであり，大規模自然災害の直後に，被災国に対し迅速な資金提供を行うことを目的とする[41]。毎年11月に更改されるプログラムであり，2013年11月スタートの第2シーズンからはクック諸島も参加し，計6カ

第4章 自然災害リスクに対するリスク・ファイナンス

国を対象とするプログラムとなった。なお，制度設計の過程においては，カリブ海諸国災害リスク保険機構（Caribbean Catastrophe Risk Insurance Facility : CCRIF）[42][43]が参考にされた。

このプログラムの仕組みは図表4-4のとおりである。

図表4-4　太平洋自然災害リスク保険パイロットプログラムの仕組み

まず，本プログラムに参加する太平洋島嶼国は，大規模自然災害（地震，津波，サイクロン）に対するリスクヘッジとして，世界銀行グループの国際開発協会（International Development Association : IDA）[44]と「自然災害デリバティブ契約」を締結する（島嶼国からIDAへの，自然災害リスクの移転）。

次に，IDAは，民間保険会社4社[45]との間で，島嶼国・IDA間の契約と同一条件のデリバティブ契約を締結する（IDAが引き受けた自然災害リスクの，民間保険会社への100％移転）。デリバティブ契約の形をとっているが，経済効果としては再保険における「出再」と同じである。

民間保険会社は競争入札で選定され，IDAは，島嶼国とこれら保険会社の間の仲介を行う。

島嶼国が負担する保険料については，クック諸島以外の5カ国の保険料の一部を[46]，日本政府が本プログラムのドナー国として，肩代わりしている。プログラム全体の補償額は4,300万ドルである。

これらの関係当事者に加え，リスクモデリング会社であるAIRワールドワイドが，災害発生時の予想損害額を算定するための，最先端のリスクモデルを提供している（リスクモデリング会社については2-4参照）。

保険金給付については，島嶼国に一定規模以上の自然災害が発生した場合，

113

図表4-5　太平洋自然災害リスク保険パイロットプログラム：保険金給付の流れ

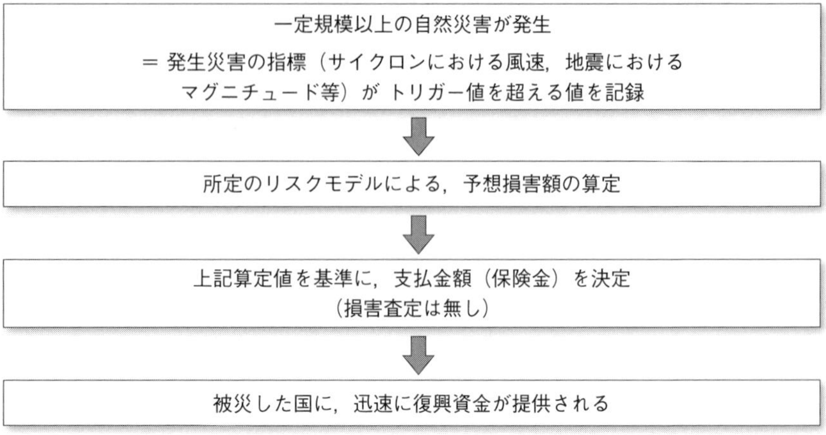

```
┌─────────────────────────────────────────────────┐
│        一定規模以上の自然災害が発生               │
│  ＝ 発生災害の指標（サイクロンにおける風速，地震における │
│     マグニチュード等）がトリガー値を超える値を記録    │
└─────────────────────────────────────────────────┘
                        ▼
┌─────────────────────────────────────────────────┐
│     所定のリスクモデルによる，予想損害額の算定      │
└─────────────────────────────────────────────────┘
                        ▼
┌─────────────────────────────────────────────────┐
│   上記算定値を基準に，支払金額（保険金）を決定      │
│              （損害査定は無し）                   │
└─────────────────────────────────────────────────┘
                        ▼
┌─────────────────────────────────────────────────┐
│    被災した国に，迅速に復興資金が提供される        │
└─────────────────────────────────────────────────┘
```

　保険会社は，損害の調査（査定）を経ずに，あらかじめ設定した保険金をIDA経由で対象島嶼国に迅速に給付する仕組みとなっている（図表4-5参照）。

　規定した規模（トリガー値）を超えた地震やサイクロンが発生した場合，損害査定抜きで所定の保険金が自動的に支払われる仕組みとし，保険金給付までに要する時間を短縮しているのが，本プログラムの最大の特徴である。こうすることで，太平洋島嶼国に大規模自然災害が発生した際に，自国の財政出動や海外からの支援が本格的に動員されるまでの間に必要となる，一刻を争うような「足の速い資金」を，被災国は調達することができる。

　また，世界銀行によれば，本プログラムは，複数の国が参加することにより，各国単独の取り組みと比べ保険料が推定で50％割安になっているとのことである（ジム・ヨン・キム，2015）。

　なお，2016年11月スタートのプログラム第5シーズンには，ソロモン諸島が参加せず，参加国はクック諸島，マーシャル諸島，サモア，トンガ，バヌアツの5カ国となっている。リスクを引き受ける民間保険会社は，損保ジャパン日本興亜，三井住友海上，東京海上日動，スイス・リー，ミュンヘン再保険の5社である。すべての参加島嶼国は，保険料を自己負担もしくは世界銀行からの融資でカバーすることとなった。[47]

4-5　プログラムの実績

　2014年1月11日から12日にかけて，サイクロン「イアン」はカテゴリー5まで勢力を強め，トンガのハアパイ諸島を直撃した。死者は1名だったが，数千人が住む場所を失い，作物やインフラが甚大な損失を被った。同諸島の一部では，建物の75%が倒壊し，電力・通信網が被害を受けた。

　これを受けて同年1月23日，世界銀行はトンガに対し，サイクロン「イアン」被害からの復旧・復興を目的に，太平洋自然災害リスク保険パイロットプログラムから初の保険金給付（127万ドル）が行われることを公表した[48]。

　トンガの財務計画大臣は，「本プログラムを通じて提供された資金によって，ハアパイ諸島住民が日常生活を取り戻すための対策を遅滞なく行うことができる」と述べており，本プログラムの補償によって，トンガは被災直後の喫緊のニーズに対応することができたものと思われる。

　2番目の保険金給付事例は，バヌアツである。

　2015年3月13日にバヌアツを襲ったサイクロン「パム」（カテゴリー5）は，首都ポートビラを直撃し，22の有人島に壊滅的な損害を与えた。死者は11名だったが，総人口の60%にあたる約16万6,000人が被災し，1万7,000の建物が倒壊した。農地の95%以上が破壊されたため，備蓄食糧は底をついた。地域によっては，住民の60%が安全な飲料水すら入手できない状況となった（UN ESCAP, 2016, p.10）。

　世界銀行は，バヌアツへの復興支援として，太平洋自然災害リスク保険パイロットプログラムから190万ドルの保険金が支払われたことを，同年3月30日に公表した[49]。この保険金によってバヌアツ政府は喫緊の復旧・復興活動の資金を確保することができ，本プログラムが有効に機能することが示された。

　この2つの事例では，災害発生から保険金給付までに要した時間がいずれにおいても10日程度と短く，「被災国へ，災害直後の緊急資金を迅速に提供する」という本プログラムの所期の目的は達成されているものと評価できる。

5 アジア太平洋新興国での自然災害リスクに対するリスク・ファイナンスの課題

5-1 データの取得・記録・蓄積の必要性

　2-4で述べたように，自然災害リスクに対するリスク・ファイナンス（保険）を設計するためには，相応の精度のCATモデルが必要である。そして，CATモデル構築のためには，まず，様々な要素をデータベース化することが求められる。ここでいう「様々な要素」には，過去の自然災害の記録，活断層や海溝の状態，温暖化傾向を含めての気象観測数値，降水量と河川への流入量，土地の保水力や排水能力，堤防や防潮堤の状況，建物の構造設計の状況，消防体制などが該当する。

　これらのデータベースに基づいて，自然災害の危険度（発生頻度と大きさ）を可能な限り科学的に計算した上で，この「自然災害の危険度」と「経済的な損失額」を確率モデルで結びつけ，予測結果を導出することによって，信頼性の高いCATモデルが構築される。

　大規模な自然災害リスクは，いわゆる「テール・リスク」[50]に属するものであり，「大数の法則」に則った旧来の保険数理計算では対応できない。信頼性の高いCATモデルを構築するためには，少なくとも3〜5年程度のデータが必要と考えられる。3-4でも述べたように，これは一朝一夕に解決できる話ではないが，まずは「様々な要素のデータベース化」，データの記録と蓄積を進めていくことが肝要である。[51]

　なお，保険や再保険が合理的に算定できない場合には，CATボンドなどの「保険以外のリスク・ファイナンス手段」をもってしても，その自然災害リスクを移転することはできない。CATボンドも，「信頼性の高いCATモデル」がなければ合理的なプライシングができない点において，本質的には「保険」と同じであることについては，留意が必要である。

5-2 契約書等「記録化」の定着などについての教育・啓蒙

　3-4で述べたように，新興国においては，保険加入者及び保険加入を検討して

いる者に対して、「保険」の有用性と限界を正しく理解してもらい、「保険」概念を定着させていくことが必要である。

また、当初の契約内容や、その後に発生した事実、保険料や保険金の授受などを「記録化」することも、保険関係者に広く習慣づけなければならない。

そのためには、国民レベルでの教育・啓蒙活動を組織的に進める必要があることから、当該国政府や国際機関のイニシアチブが求められよう。

5-3 日本の保険会社の「地理的リスク分散」

今世紀に入ってから大規模自然災害が多発しており、このことが保険会社の収益圧迫要因となっている。

2-2で見たように、大規模自然災害が1件起きると、保険会社にとっては巨額の保険金支払いが発生する。自然災害リスクに関しては、ある地域で大規模自然災害が起きると、その地域のほとんどすべての企業や個人が保険金支払いの対象となるため、交通事故リスクや通常の火災リスクのように保険を小口化して多数に分散したとしても、リスクを分散することができない、という難しさがある。

したがって、「自然災害による保険金支払いのリスク」を分散させるためには、保険事業自体を「地理的に」分散させることが必要になる。

実際、東日本大震災とタイ大洪水に見舞われた2011年以降、日本の保険会社は、海外の保険事業への出資や買収を活発化させており、収益源とリスクの地理的な分散・多角化を図りつつある（図表4-6参照）[52]。

日本の保険会社が、海外展開を積極化し、収益源の地理的な分散を進めていけば、ひいては「アジア太平洋新興国での自然災害リスク」の引受余力が日本の保険会社に生まれてくるであろう。これを「日本の民間による国際社会への貢献活動」と見ることもできよう。

図表4-6 本邦損害保険会社の海外展開（2011年以降）

保険会社名	公表日	買収／出資先	金額
東京海上日動	2015年6月	米HCCインシュアランスHD	9,400億円で買収
	2011年12月	米デルファイ	2,200億円で買収
損保ジャパン日本興亜	2016年10月	英領バミューダ エンデュランス・スペシャルティHD	6,500億円で買収
	2015年3月	仏再保険大手スコール	1,100億円を出資
	2013年12月	英中堅損保キャノピアス	1,000億円で買収
MS&ADインシュアランス	2015年9月	英大手損保アムリン	6,420億円で買収
	2014年12月	英自動車保険ボックス・イノベーション・グループ	200億円で買収

出所：各種報道を基に筆者作成。

5-4 「官」の関与の限界と必要性

「官」に関しては，先進国では財政逼迫，新興国では不安定な財政と蔓延する腐敗，というそれぞれの課題を抱えている。

かかる環境下，どの程度「官」が民間セクターに関与することが望ましいのかは，その国の置かれているステージによって異なってくるが，敢えて一般化すれば，「官」はリスク・ファイナンスの環境整備，具体的には法令整備，事業者の監督，セーフティネットの構築や，上述した国民レベルでの教育・啓蒙活動などに軸足を置いて，「民業補完」を担うことを原則とすべきであろう。

この点，タイも参考にした日本の「家計地震保険」制度（2-3参照）は，「官による民業補完」の好事例として，新興国にとっての雛型になりうる。他にも日本は，例えばインドネシアに対し，損害保険の料率計算を行う公的機関の設立について，法令整備などのノウハウを金融庁から提供しているが，こうした「日本政府としての貢献活動（法令整備や運営体制づくりのサポート）」[53]は極めて意義深いものと思われる。特に，日系企業が数多く進出しているASEAN諸国においては，これら進出先における自然災害リスクに対し，リスク・ファイナンス手段が整備され，進出企業が有効なリスクヘッジができるようになることは，日系企業にとって大きなメリットであると同時に，当該ASEAN諸国との経済協力及び友好関係の強化にも結びつこう。

第 4 章　自然災害リスクに対するリスク・ファイナンス

　2016年11月25，26日の2日間にわたって，地域の防災を担う若いリーダーを育てることを目的に，「世界津波の日　高校生サミットin黒潮」が高知県黒潮町で開催された。国連が11月5日を「世界津波の日」に制定したことを受けてはじめて開かれ，世界30カ国の高校生約360人が集まり，津波被害の実態や災害への備えについて意見交換を行った。東日本大震災の被災地の他，インドネシアやチリなど津波被害を受けた国の高校生が，災害から身を守るためにできることなどについて活発に話し合い，情報共有を進めた。このような自然災害に関するソフト面での情報発信も，国際社会に対する広義の貢献活動として，日本は継続していくべきであろう。

[注記]
1)　本章は，渡邊隆彦（2016）「リスクファイナンスの現状と課題―アジア太平洋新興国における自然災害リスク対応―」『専修大学商学研究所報』第47巻第5号を改稿したものである。
2)　広瀬（2007）は，災害を予防し耐える力である「災害抵抗力」と，実際に災害が起こった時にその被害から立ち直る力である「災害回復力」とを合わせた総合力を，「災害弾力性（本章でいうレジリエンス）」と呼んでいる（p.45）。
3)　サハラタナナコン，ロジャナ，ハイテク，バンパイン，ファクトリーランド，ナワナコン，バンガディーの各工業団地。
4)　日本経済新聞2014年12月2日朝刊「タイ工業団地8割再開，大洪水から3年」。
5)　2011年6月24日に内閣府が公表。内閣府ホームページ，at http://www.bousai.go.jp/2011daishinsai/pdf/110624-1kisya.pdf#search='%E6%9D%B1%E6%97%A5%E6%9C%AC%E5%A4%A7%E9%9C%87%E7%81%BD+%E7%B5%8C%E6%B8%88%E8%A2%AB%E5%AE%B3%E9%A1%8D+%E5%86%85%E9%96%A3%E5%BA%9C'（2016年11月23日確認）。
6)　保険によって財務的にリスクを移転するメリットとして，事故発生の場合に保険金の取得によって事業の早期復旧が可能となることが挙げられる（大谷，2012，p.44）。
7)　日本の損保会社は，2011年度，異常危険準備金を大幅に取り崩すこととなった（日本経済新聞2012年3月8日朝刊「損保の準備金減少，大手5社，災害多く1兆円割れ」）。
8)　利益保険とは，災害や事故により事業中断に追い込まれた場合，その事業中断期間の逸失利益を填補するための保険。
9)　タイ大洪水以降，タイにおける「洪水」に対する保険については，利益保険も含め，損保会社は慎重かつ制限的な扱いをしている。
10)　玉田ほか（2013）p.19によれば，2011年のタイにおける大雨は，おおむね100年に1回の発生確率のものであった。

11) タイ大洪水直後の2011年11月28日に，枝野経済産業相（当時）は，タイのキティラット副首相（当時）との会談時にこの点を指摘している。これに対し，同副首相は，日系企業等の保険加入を後押しするため，公的な再保険制度の創設を検討していることを明らかにした（日本経済新聞2011年11月29日朝刊「タイ副首相，経産相と会談で公的再保険言及」）。
12) 日本経済新聞2012年3月22日朝刊「タイ，洪水対策を本格化―タイ政府，洪水保険，月内に販売」。
13) NCIF及びCIPの詳細については，損害保険事業総合研究所（2013）pp.227-245参照。
14) 日本経済新聞2013年11月5日朝刊 未来面での柄澤康喜三井住友海上火災保険社長コメント。
15) 日本経済新聞2013年6月27日朝刊「金融庁，金融市場の整備支援，タイ・インドネシア当局と合意」。
16) 自然災害リスクのモデリングの詳細については，金刺（2012）参照。
17) 世界の主要保険会社の経営者で構成される，保険業界の国際シンクタンク。スイス・ジュネーブを本部とし，世界経済における保険の役割についての調査・研究や，リスク・マネジメント等を発展させるための様々な活動を行っている。
18) Schanz and Wang（2015）；インシュアランス損保版2015年9月17日「ジュネーブ協会，アジア洪水リスクレポートを公表」。
19) マイクロインシュアランスを紹介するものとして，例えば，池田（2011）；加藤（2013）；鐘ヶ江（2007）；ドロール（2013）；中村（2015）；福岡（2009）；森田（2007）；渡部（2013）。
20) 各国・地域の保険監督当局等をメンバーとする国際組織。国際保険監督基準の策定やその実施の促進などを目的に，1994年に設立。
21) IAIS, Issues in Regulation and Supervision of Microinsurance, June 2007, p.10を筆者が和訳。
22) アジア生命保険振興センター（2015）によれば，2013年初時点で，保険委員会の認可を受けたマイクロインシュアランス事業者はフィリピンに80ある。
23) CARD Inc.の支店が成長できると判断されて中央銀行から営業許可が下りれば，CARD Bankがその支店を吸収する。NGOのCARD Inc.には貯蓄業務が認められていないが，CARD Bankは貯蓄ができることに加え，融資の種類も教育ローン，住宅ローンなど多様である。
24) マイクロクレジットを利用する人は健康リスクも比較的低く，かつ強制加入によって3-4-1で述べる逆選択の問題も回避されることから，「マイクロクレジット参加者の，マイクロインシュアランスへの強制加入」は，保険料の低減に資するものと期待される。一方，マラウイ共和国でマイクロインシュアランス（インデックス保険）をマイクロクレジットに抱き合わせて販売するフィールド実験を行ったところ，マイクロクレジットそのものへの参加率が4割弱減少するという弊害が生じたという（高野，2009, p.18）。
25) 2014年9月時点で，被保険者数は約1,032万人（日経産業新聞2014年11月27日「貧困

層融資フィリピン最大手，貸出残高16年までに倍増」)。

26) 逆選択とは，同一保険料の保険の場合，保険事故の発生確率が高い者（保険会社にとって好ましくない者）ほど保険に加入してくるため，保険会社の採算がとれなくなってしまう状態。加入者と保険会社の間の「加入者に関する情報の非対称性」が原因である。先進国の保険会社では，告知制度，団体保険，年齢別の保険料設定などの方法で，逆選択を回避している（大谷, 2012, pp.102-103）。

27) 保険に加入した者は，事故時に保険会社が保険金を払ってくれることをあてにしてしまい，保険に加入する前よりも注意を怠るようになる可能性がある。保険加入が人々の行動に与えるこのような逆効果を，保険におけるモラルハザードという。先進国の保険会社では，免責金額の設定や無事故者の保険料割引などの方法で，モラルハザードを回避している（大谷, 2012, pp.102-103）。

28) マイクロクレジットにおいては，特にインドで，強引な取立てが原因とされる借り手の自殺が相次いでいることが報告されている（日本経済新聞2010年12月20日朝刊「貧困層向け小口融資，アジアで広まる」）。

29) 世界銀行ホームページ（2013年1月18日），at http://www.worldbank.org/ja/news/press-release/2013/01/18/5-pacific-island-nations-to-be-insured-against-natural-disasters （2016年11月23日確認）。

30) 世界銀行ホームページ（2014年2月3日），at http://www.worldbank.org/ja/news/press-release/2014/02/03/world-bank-and-japan-partner-to-improve-disaster-risk-management-in-developing-countries （2016年11月23日確認）。

31) 世界銀行ホームページ，at http://pcrafi.sopac.org/about/ （2016年11月23日確認）。

32) 世界銀行ホームページ，at http://www.worldbank.org/en/programs/disaster-risk-financing-and-insurance-program （2016年11月23日確認）。

33) キリバス，ミクロネシア連邦，パラオ，マーシャル諸島，ナウル。

34) パプアニューギニア，ソロモン諸島，フィジー，バヌアツ。

35) サモア，トンガ，クック諸島，ツバル，ニウエ。

36) 直近では，2015年5月，福島県いわき市で第7回サミットが開催されている。

37) 外務省ホームページ（2009年5月23日），at http://www.mofa.go.jp/mofaj/area/ps_summit/palm_05/summit_gh.html （2016年11月23日確認）。

38) 日本経済新聞2009年5月22日朝刊「太平洋島しょ国・地域の災害補償，48億円規模の保険，豪などと創設，首相表明へ」。

39) 野田首相は，各国に津波の予報・警報が行きわたるよう「太平洋災害早期警報システム」を整備することも発表した。

40) 外務省ホームページ（2012年5月26日），at http://www.mofa.go.jp/mofaj/area/ps_summit/palm_06/kizuna_jp.html （2016年11月23日確認）。

41) 前掲注29。

42) ジャマイカ，ハイチ，ドミニカ等のカリブ海諸国16カ国政府に対して，大型地震やハリケーンの発生時に迅速に保険金を支払い，加盟各国の災害への対処を支援するための機構。2007年に日本政府からの拠出金を得て，世界銀行が中心となって設立された。

43) 日本経済新聞2012年2月3日朝刊「自然災害保険を創設, 首相提唱へ, 太平洋諸国向け」。
44) 世界銀行グループの, 最貧国向け基金。世界の79カ国の最貧国を対象に, 健康と教育, インフラと農業, 経済開発と組織開発のための支援を提供する, 世界最大の援助機関の1つ。1960年設立, 加盟国は170カ国。
45) 損保ジャパン, 三井住友海上, 東京海上日動, スイス・リーの4社。
46) クック諸島は保険料を全額自己負担している。
47) 世界銀行ホームページ (2016年11月2日), at http://www.worldbank.org/ja/news/press-release/2016/11/02/new-insurance-facility-to-boost-natural-disaster-resilience-in-pacific-island-countries (2016年11月23日確認)。
48) 世界銀行はこの他にも, ハアパイ諸島の損害査定及び被害状況の全体像把握を支援している。世界銀行ホームページ (2014年1月23日), at http://www.worldbank.org/ja/news/press-release/2014/01/23/tonga-to-receive-payout-for-cyclone-response (2016年11月23日確認)。
49) 世界銀行は他にも, バヌアツの被害状況把握と緊急対応ニーズの査定, 同国観光産業の再建支援などに取り組んでいる。世界銀行ホームページ (2015年3月30日), at http://www.worldbank.org/ja/news/press-release/2015/03/30/world-bank-group-offers-support-to-aid-vanuatu-recovery (2016年11月23日確認)。
50) テール・リスクとは, 発生する確率は極めて低いが, 発生すると非常に巨大な損失をもたらすリスクのこと。
51) 金刺 (2012) も,「モデルの精度を向上させるためには, 高精度な入力データが必要」と述べている (p.94)。
52) 日本の保険会社が海外展開を進めるのには, ここで述べた「自然災害による保険金支払いリスクの地理的分散」の他に, 日本国内の理由もある。人口減少と少子高齢化が進む中, 自動車保険の契約台数の減少が特に若年層で顕著になる等, 伝統的な国内ビジネスは限界を示しつつある (金融庁, 2016, pp.34-35)。
53) 前掲注15。

[参考文献]
アジア生命保険振興センター (2015)『2014年 アジア諸国の生保重大ニュース』。
雨森孝悦 (2008)「自立的セーフティネットとしてのマイクロ保険―フィリピンの事例から」, 二木立代表編『福祉社会開発学―理論・政策・実際―』ミネルヴァ書房, pp.142-151。
雨森孝悦 (2010)「東南アジアのマイクロファイナンス, マイクロ保険における営利と非営利―フィリピン, カンボジア, インドネシアの動向から―」『日本福祉大学経済論集』第41号, pp.65-86。
池田香織 (2011)「マイクロインシュアランスへの期待と展開」『損保ジャパン総研レポート』Vol.59, pp.2-20。
石井隆 (2013)『日本経済安全保障の切り札―巨大自然災害と再保険―』保険毎日新聞社。

伊藤友見（2004）「貧しい人々への金融サービス提供―フィリピンの成功事例紹介―」『日経研月報』第317号，pp.64-67。

エーオン ベンフィールド ジャパン株式会社（2012）『自然災害リスクに係る外部調達モデルの構造等に関する調査報告書』金融庁委託調査。

大谷孝一（2012）『保険論〔第3版〕』成文堂。

外務省（2016）『日本と太平洋の島国』。

加藤あゆみ（2013）「発展途上国のマイクロインシュアランス市場展望」『生命保険経営』第81巻第2号，pp.84-113。

鐘ヶ江修（2007）「マイクロインシュアランスの概況と規制の課題について」『損害保険研究』第69巻第3号，pp.175-203。

金刺靖一（2012）「自然災害リスクのモデリング」『アクチュアリージャーナル』第79号，pp.59-95。

金融庁（2016）『平成27事務年度 金融レポート』。

高野久紀（2009）「マイクロ保険の挑戦―貧困層をリスクから守る試み」『アジ研ワールド・トレンド』第15巻第8号，pp.16-19。

ジム・ヨン・キム（2015）「自然災害のリスク管理，民間の知識や資金活用を」，日本経済新聞2015年3月12日朝刊『経済教室』。

関屋宏彦・伊藤友見（2012）「マイクロファイナンス産業の新たなビジネスモデル展開についての調査」『日経研月報』第410号，pp.74-84。

損害保険事業総合研究所（2013）『諸外国の自然災害に対する保険制度の実態』損害保険事業総合研究所研究部。

玉田芳史・星川圭介・船津鶴代（2013）『タイ2011年大洪水―その記録と教訓―』アジア経済研究所。

ドロール デイビッド・マーク（2013）「新興国におけるマイクロインシュアランス」『MS&AD基礎研review』第14号，pp.2-23。

中村彩乃（2015）「マイクロインシュアランスの課題と将来性」『保険研究』第67集，pp.171-195。

広瀬弘忠（2007）『災害防衛論』集英社。

福岡藤乃（2009）「マイクロインシュアランスについて」『あいおい基礎研review』第6号，pp.42-63。

森田芳樹（2007）「マイクロインシュアランス―発展途上国貧困層への保険アプローチ―」『MSKR quarterly review：季刊調査研究』No.51，pp.19-36。

米澤慶一（2011）「マイクロインシュアランスの現状と課題―貧困層のリスク回避手段に係る一考察―」『ニッセイ基礎研report』Vol.168，pp.4-11。

渡部美奈子（2013）「マイクロ・インシュアランスの変遷と展望」『損保総研レポート』第105号，pp.27-52。

Bündnis Entwicklung Hilft and United Nations University – Institute for Environment and Human Security（2016）*World Risk Report 2016*.

Schanz, Kai-Uwe and Shaun Wang（2015）"Insuring Flood Risk in Asia's High-Growth

Markets", *Geneva Association Research Report*, Geneva Association.

United Nations Economic and Social Commission for Asia and the Pacific (2016) *Asia-Pacific Disaster Report 2015: Disasters Without Borders; Regional Resilience for Sustainable Development*, United Nations Publications.

第5章

海外における自然災害リスクのマネジメント
－韓国の実態分析から見た事前対策システムの重要性－

1 はじめに

　近年，地球温暖化の気候変動による自然災害である水害リスクが高まっている。事実，日韓企業が海外進出の拠点になっている東南アジアにも水害リスクが増えている。こうした環境の中，韓国の国内でも自然災害被害の規模・頻度が拡大している。例えば，台風，暴風雨など風水害による自然災害被害が日本より，多く発生している。

　しかしながら，韓国では，自然災害リスクいわゆるハザード・リスクについては，深刻に受け止められていない。その理由には，大きな被害を受ける地震や津波のような大きな自然災害の発生が少ないこともあり，自治体はあまり深刻に考慮していない傾向がある。その結果，一般市民も日本のようにハザード・リスクである地震リスクの対応いわゆる自然災害リスクのマネジメントについては真剣に考慮していない傾向がある。

　ところが，2016年9月12日午後7時44分頃，韓国南東部の慶州（キョンジュ）市にマグニチュード5.8の大きな地震が発生した。気象庁の観測で，こうした最大規模の地震が発生したのは，はじめてのこともあり地震が発生した地域以外の市民も不安な日々を過ごした。専門家によれば今後，大きな地震が起きる可能性も高いと警告した。

　したがって，韓国も地震の安全地帯ではないという事実が明らかになった。政府を始め自治体では，改めて地震発生時の情報発信システムと自然災害リスクの関連法についても再検討する必要性があると言及した。

　本稿では，まず韓国の自然災害リスクの現状について論じる。次に韓国の国内で，自然災害を予防し対処するためには，正確な情報に基づいて事前の準備

がなぜ必要なのかについて検討する。予測不可能なハザード・リスクである自然災害リスクのマネジメントは事前的な準備が重要であるとの視点から，最後に自然災害リスクは，事前に注意してマネジメントを徹底的に実施すれば，自然災害の被害を最小限に抑えることと組織のレジリエンスにも繋がることを論じる。

2 韓国における自然災害リスクの現状と課題

2-1　多発する自然災害の現状

　東北アジアの中，地震の被害を受ける地域といえば，日本だけだといわれてきたが，近年，中国にも大きな地震，他の国では洪水と台風が発生し，大きな被害をもたらした（図表5-1参照）。こうした大きな自然災害では企業と一般市民が同時に被害するため他のリスクに比較して，対応やそのマネジメントが困難になる場合が多い[3]。

図表5-1　海外における大規模自然災害

発生時期	国・地域	災害区分	概要	死者数
2010年4月14日	中国	地震	M7.1の地震が発生	2,689人
2011年7月～12月	タイ	洪水	多くの工業団地が水没	575人
2013年11月	フィリピン	台風	強風と高潮による被害	2,360人

注：Mはマグニチュード。
出所：東京海上日動リスクコンサルティング株式会社（2014）「海外における自然災害リスクと企業の対応」リスクマネジメント最前線No.8から抜粋して作成したもの。

韓国でも，2016年9月12日に大きな地震が発生した（図表5-2参照）。韓国の国内では，「韓国ももはや地震安全地帯ではない」との危機感が高まり，従来の防災対策を全面的に見直す必要性があるとの指摘が国内からあった。

　以前から，韓国の場合，OECD加入国の中で，自然災害リスクに対してマネジメントしていない国の1つであると指摘されたこともある。国立防災研究所が調べた結果，川の氾濫リスクに備えたマネジメント体制が不十分であり，特に，ハザード・リスクである地震に備える災害予防策はまったく行われていないと指摘された。

図表5-2　韓国に発生した地震状況

規模（大きさ順）	発生した日時	発生した地域
M 5.8	2016年9月12日	慶北　キョンジュ
M 5.3	1980年1月8日	平北　オジュ
M 5.2	2004年5月29日	慶北　ウルジン

注：マグニチュード5.2以上を掲載（資料：気象庁）。
出所：2016年9月13日韓国東亜日報新聞（韓国版），A2面より筆者作成。

　また，2011年，東日本で史上最大規模の地震で被害が拡大する中，韓国のメディアは，もし，韓国で地震が起きた場合，どのぐらいの被害が発生するかなどのシミュレーション結果を報じたこともある。例えば，マグニチュード6.5の地震が首都ソウルを襲った場合，死者は約11万人以上，10％以上の建物が全壊または半壊になるとの結果が出たと報道されたこともある。しかしながら，その後，国内ではこうした自然災害リスクについては政府を始め自治体も真剣に検討しなかった。

　韓国では，1988年にはじめて6階建て以上の建築物に対して耐震設計を導入したが，それ以前の建物は耐震構造がまったく導入されていない。国内での建築物のうち，耐震設計がなされている建物は非常に少ない。特に，問題なのは，小中学校など教育施設さえ耐震設計基準を満たさない建物が多いとの指摘があることである。[4]

　リスク・マネジメントの視点から，問題点は強い地震の発生頻度が高くないとはいえ，もし大きな地震が起きった場合，当然ながら大きな被害が出る可能

性が高いことである。国民の安全を守る体制いわゆる国家災害対応システムを再検討するべきである。

保険研究院によれば、韓国の建物のうち大部分で耐震設計が適用されていないにもかかわらず、自然災害リスクである地震保険の加入率は極めて低調であるのが現実であり、地震保険の加入率は0.1％である[5]。実は、一般市民も自然災害リスクに関してはあまり危機感がない。

自然災害リスクは何らかの方法で第三者にコストを払い移転する方法があり、これをリスク・ファイナンス（主に保険制度）を活用することも重要である[6]。

自然災害リスクは、個人リスクと社会全体の被害を与えるという視点から考えた場合、自然災害リスクに対して適切な保険を用いることもリスクの効果的マネジメントである。

2-2 韓国におけるリスク情報伝達の問題

自然災害リスクが発生した場合、一般市民に対して正確な情報を提供しなければならない。2016年9月12日、地震の発生直後、地震の情報を市民に知らせる携帯電話のメール発信が遅れることもあり、情報発信についても大きな問題点が生じた。

また、災難主管放送局[7]が字幕や短い特報だけを放送し、正規放送を継続したことについて一般市民から厳しい意見が出た。緊急事態だからこそ、一般市民が危機状況をどう対応するべきかを迅速に知らせることができなかったこともあった[8]。

韓国では、地震リスクを含め自然災害リスクに対するマネジメントを迅速なおかつ徹底的に見直して取り組むべきである。そこで、韓国ではこれまで以上に自然災害対応のマニュアルを再考察する必要性がある。従来の防災対策のように個々の災害対応を網羅的マニュアル化したものは災害時にあまり機能しない場合もありうる。したがって、災害対応中に二次災害が発生しないように、自然災害対応のマニュアルを活用することが最も重要である。そのためには、自然災害リスクが発生する前から、隣人同士のお互いの信頼関係の構築、ネットワーク体制の確保を行うことも必要である。

自然災害が生じた場合には、民間レベルのうちの共助レベル（隣近所での助

け合い）で迅速に対応できる体制を整える。これに関しては韓国だけではなく，日本も考慮しなければならない。

2-3　リスク・コミュニケーション体制の重要性

　韓国の場合，日本と同様に少子・高齢者社会になり，社会的に普段からの付き合い，いわゆる交流がなくなり，その結果，あまり隣人同士の共助ができない。そのため，災害リスク情報の共有問題が生じ，隣人同士の信頼感も低下する傾向が明らかになっている。

　こうした問題を改善するため韓国では，自然災害リスクまたは社会的変化による多発しているリスクを解決するため，政府と自治体をはじめ多様な組織機関（非営利団体も含む）が独特のソーシャル・キャピタルを形成しようとしている。したがって，市民社会の参加共同体とサイバー共同体[9]という組織は急激に増えている。

　リスク・マネジメントの視点では，災害リスク情報の共有の問題はリスク・コミュニケーションとして捉えることができる。リスク情報の共有場面においては，情報の送り手と受け手間において信頼が存在していなければ，リスク・コミュニケーションの効果は落ちるという指摘がある。[10]

　こうした社会的な変化の中で，万が一慶州（キョンジュ）市で起きた規模の地震が再度発生した時に組織機関からどの程度の情報提供ができたかどうかを再確認する必要性がある。つまり，政府をはじめ自治体は自然災害リスクのマネジメントについて，一般市民に具体的な情報提供ができる関連組織の体制を検討するべきである。

　実際，慶州（キョンジュ）市で発生した地震後，韓国の国会議員でつくる日韓議員連盟の幹部は「地震対策団」を設け，日本の地震対策を学ぶために日本を訪問した。

　地震対策の根本的見直しを行うため，日本の東京都庁や気象庁をはじめ甚大な地震が発生した場合に避難地である東京臨海広域防災公園などを視察した。さらに，大地震発生時に非常に重要である情報発信システムなどの説明を受けるほか，災害関連法についても情報交換を行った。韓国より地震発生が多い日本から地震対策を学ぶ結果となった。[11]

日本の場合,応急・緊急対策における市町村の役割が重視されている。自治体の組織は一般市民と距離があまり離れていないからこそ,早く実質的な指示が行われているといえる。

3 自然災害リスクのマネジメントの体制

3-1　組織体制の見直し

　韓国の場合,リスク対策関連の組織が複雑である。図表5-3にあるように,災害に対処する行政組織の主な動きであるが,中央にすべての情報が集まり,判断・指示を出すという中央中心的な組織体制になっている。その結果,どこまでに自然災害リスクのマネジメントを行うべきであるかという組織体制が複雑である。

　例えば,災害管理責任機関長は,自然災害の予防・備え・対応・復旧などに必要な災害情報の管理及び利用体系を構築・運営しなければならない。中央行政機関長は,自然災害が発生した時あるいは発生する恐れがある場合,迅速な対応ができるように緊急支援計画を行うなど2009年に「自然災害対策法」の一部が改正された[12]。

　このような自然災害リスクに関する「自然災害対策法」が改正されたにもかかわらず,2016年9月12日に大きな地震が発生した後,効率的な対策ができなくて被害を受けた[13]。しかし,被害は生じたものの大きな被害にはならなかった。

図表5-3　韓国の災害安全対策本部体制

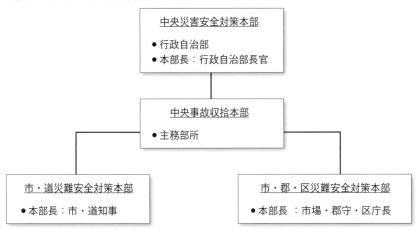

出所：李永子（2006）「災害・危機組織の編制をめぐって－日・韓比較による考察－」『人間文化研究科年報』第21号p.232から抜粋して作成。

　政府は，地震，洪水などの自然災害を想定してリスク評価を実施しているが，リスク情報を政府が国民に伝えるリスク・コミュニケーションのあり方についても見直すべきであるとの専門家からの指摘があった。国民の安全を国政の最優先順位に置く姿勢が必要であるし，それを実施することが重要である。

　そのためには，リスクの情報開示を行う場合，迅速で明確な情報開示ができる体制があるかどうかを見直すべきである。その理由は，万が一想定外のリスクが生じた場合には，当然ながらリスクのマネジメントも遅れる可能性が高いからこそ見直すべきである。

　近年，政府と自治体は，社会問題を始め自然災害リスクを解決しようと様々な政策をしているが，まずは社会組織の円満な開かれた新たなネットワーク体制作りについて力を入れて進めていく必要性がある。

　特に，自然災害リスクはそもそも起きるかどうか正確にはわからない。こうしたことから考慮すると，自然災害というハザード・リスクを効果的に対応するにはいくつかのアプローチが考えられるが，ソフト・コントロール（連帯，地域のネットワークなど）のソフトな関係を充実させることが効果的なリスクのマネジメント手段として機能する可能性は高い。[14]

3-2 事前のリスク・マネジメント－レジリエンスの重要性－

　自然災害の発生時には2次災害が発生する可能性が高い。自然災害リスクへの対応が単にハードな面でのリスク対応のみならず，ソフト及びレジリエンスが重要である。自然災害リスクに初期対応の準備が必要である。

　例えば，韓国から海外に進出している企業の場合，自然災害リスクのマネジメントは，まず，利害関係者である社員の安全性の確保が重要である。その後，当然ながら，外部の利害関係者である取引先と消費者に与えるサービスも継続的に提供できるレジリエンスが重要になる。企業の場合，再生するためには自然災害リスクを明確に評価して迅速な意思決定が必要である。

　したがって，中小企業の責任者が意思決定の際に，自然災害リスクのマネジメントの具体的な基準を定める。そこで，自然災害リスクについて事前啓発活動・教育・防災訓練などが重要である。さらに，定期的に教育・訓練を必ず行い効果がどのくらいあるかという独自の評価基準が必要であるし，これがうまく組織に浸透できれば，自然災害リスクが生じた場合でも独自のレジリエンスも活用できる。

　実際にどの組織においても，リスクの共有，共通の理解・問題解決案の提示と共通の理解をするためにはレジリエンスが必要である。このレジリエンスに関しては，韓国以外の国でも重視すべきである。

　企業の場合，経営者の重要な役割とは，社内マネジメントの側面だけではなく，社外とのコミュニケーション体制も強化することである（図表5-4を参照）。

　その結果，企業の利害関係者である顧客ニーズの変化，または従業員が何を求めているかを明確に把握して事前にマネジメントを行う体制が重要となる。

　自然災害リスクはそもそもいつ起きるかは正確に把握できないというリスクの特性から捉えると，自然災害リスクに対するマネジメントは政府と自治体にすべてをまかせるのではなく，民間レベルでも真剣に考慮する必要性がある。そういう意味で，今まで以上に隣人同士の交流はもちろんネットワーク体制を事前に構築していくことが非常に重要である。その結果，情報共有ができてお互いのレジリエンスにも繋がる。

図表5-4 経営者の明確な意思決定によるレジリエンス

出所：筆者作成。

　結局，組織においてレジリエンスが求められている幾つかの理由の中で，自然災害リスクへの対応は単にハードな面でのリスク対応だけではない。自然災害リスクは天災であると共に，人災の面もある。だから，個人と組織には復元力が必要であるから，レジリエンスをよく理解した結果，できるだけ損失を小さくすることが可能になる[15]。

4 おわりに

　既述したが，韓国の場合，自然災害防災体制に関して中央集権力システムでは，自然災害が生じた場合，迅速に対応できるかどうかを再確認して見直すべきである。東北アジアにある日韓中の中で，日本だけが地震による影響があるとの認識があり，他の国では地震というハザード・リスクに対するマネジメントが不十分であるといえよう。

　本文でも論じたが，韓国では，まず，災害リスクに対するマネジメントの重

要性を再認識すべきである。政府と自治体は自然災害リスクのマネジメントについて，より具体的，明確に一般市民に情報の提供を行う。これまで自然災害リスクの対応に関して事後的な体制をすることは多かったが，今後は，予防第一総合対応体制の構築に力を入れる必要性がある。

　自然災害の中でも，特に地震は予測できないハザード・リスクであるからこそ，普段から訓練を行うべきである。現場から中央へ明確な情報伝達ができる訓練を行い事前にマネジメント体制作りを実施する。その結果，一般市民もリスクが生じた場合にはそれに対して迅速に対応する能力も向上できる。
　最後に，事前の自然災害リスクのマネジメントが重要であるとの視点から以下の事柄が結論としていえる。

(1) 組織は，自然災害リスクに対するマネジメントを再考察する必要がある。特に，政府と自治体は現状を把握した上，自然災害リスクのマネジメントについて根本的な問題を見直すべきである。
(2) 一般市民に様々な情報提供を行うメディアは，迅速に情報を提供するシステムの構築を行う必要性がある。
(3) 自然災害リスク関連の保険加入率が極めて低い韓国の場合には，個人が被災する個人リスクと組織全体の被害を分散化させる保険への加入も経済的に評価することができる。各自が所有している施設に適切な保険に加入した場合，自然災害保険制度を活性化することによって，個人でも自然災害リスクに対して効率的なマネジメントができる。
(4) 日本を中心とした東アジアの共同防災協力事業体制作りを行う。
　①情報提供と共有による効率的なリスク・マネジメントができる。
　②組織のレジリエンスにもプラスの影響を与える。

[注記]
1) 2011年10月，タイのアユタヤ県等を流れるチャオプラヤー川流域で，洪水が発生して周辺にある多くの企業に被害を与えた。特に，被災した工業団地には日本企業が多く入居する団地だったため工場が操業停止になり，様々な面で大きな影響を与えた（東

京海上日動リスクコンサルティング株式会社（2014）「リスクマネジメント最前線，No.8」p.5）。
2) 過去10年間に風水害を中心に比較して見ると日本では，年平均96.2人の死者・行方不明者が発生しているが，韓国では，年平均164.2人の死者・行方不明者が発生している。
3) 東京海上日動リスクコンサルティング株式会社（2014）「海外における自然災害リスクと企業の対応」リスクマネジメント最前線No.8，p.3。
4) http://news.searchina.ne より一部引用，2011．5.25アクセス。
5) http://ヤフコメ.com/cate.html/2016.7.8アクセス。
6) 上田和勇（2016）『ビジネス・レジリエンス思考法－リスクマネジメントによる危機克服と成長－』同文舘出版，p.15。
7) 災害主管放送局はKBSを示している。
8) http://japanese.joins.com/article/678/220678.html/2016.11.19 アクセス。
9) パソコン通信ネットワークで形成された共同体を指している。
10) 上田和勇（2011）「災害リスクマネジメントにおけるソフト・コントロール，ソーシャル・キャピタルの役割」『社会関係資本研究論集』第2号，専修大学社会知性開発研究センター／社会関係資本研究センター，p.42。
11) http://www.nikkei.com/news 2016.11.19 アクセス。
12) 李永子（2006）「災害・危機組織の編制をめぐって－日・韓比較による考察－」『人間文化研究科年報』第21号 p.232。
13) 人命被害者は48人，財産被害は4652件であった。
14) 上田和勇（2010）「現代企業経営におけるソーシャル・キャピタルの重要性」『社会関係資本研究論集』第1号　専修大学社会知性開発センター／社会関係資本研究センター，p.22。
15) 上田和勇（2016）『ビジネス・レジリエンス思考法－リスクマネジメントによる危機克服と成長－』同文舘出版，pp30-31。

[付記]
　本章は，姜（2012, 2013）の原稿に加筆，調整（追加資料収集）したものである。

[参考文献・URL]

李永子（2006）「災害・危機組織の編制をめぐって－日・韓比較による考察－」『人間文化研究科年報』第21号，http://nwudir.lib.nara-w.ac.jp 2016.11.19　アクセス。
上田和勇（2010）「現代企業経営におけるソーシャル・キャピタルの重要性」『社会関係資本研究論集』第1号，専修大学社会知性開発センター／社会関係資本研究センター。
上田和勇（2011）「災害リスクマネジメントにおけるソフト・コントロール，ソーシャル・キャピタルの役割」『社会関係資本研究論集』第2号，専修大学社会知性開発センター／社会関係資本研究センター。

上田和勇（2016）『ビジネス・レジリエンス思考法−リスクマネジメントによる危機克服と成長−』同文舘出版。
姜徳洙（2012）「韓国から見た東日本大震災」『危険と管理』第43号,日本リスクマネジメント学会。
姜徳洙（2013）「韓国釜山におけるソーシャル・キャピタルと社会的企業に関する研究」『社会関係資本研究論集』第4号,専修大学社会知性開発センター／社会関係資本研究センター。
東京海上日動リスクコンサルティング株式会社（2014）「海外における自然災害リスクと企業の対応」リスクマネジメント最前線　No.8。
徳田賢二・神原理編著（2011）『市民のためのコミュニティ・ビジネス入門』専修大学出版局。
http://news.searchina.ne　2011.5.25　アクセス。
http://ヤフコメ.com/cate.html　2016.7.8　アクセス。
http://japanese.joins.com/article/678/220678.html　2016.11.19 アクセス。
http://hook.hani.co.kr　2016.9.11アクセス。
http://kukkuri.jpn.org　2015.11.8アクセス。
http://www.yomiuri.co.jp　2016.9.26アクセス。
http://www.nikkei.com/news 2016.11.19 アクセス。
韓国東亜日報新聞（韓国版）2016年9月13日，14日，15日。

第6章 ロシアにおける環境リスクの現状と対応
－安全教育を中心に－

1 はじめに

　近年，世界では暴風，洪水，干ばつなど，異常自然災害の件数が増加している。ロシアでも，森林火災，洪水，地震，津波，台風，雪崩，流氷の堆積など，ロシアに固有の自然現象及び世界に共通する自然災害リスクが定期的に市民生活に降りかかってきており，経済にも損失を与え，環境にも害をもたらしている。

　自然災害リスクそのものを人類の力で制御することは不可能に近いが，自然災害リスクが人や財産にもたらす損失を最小化することは可能である。つまりリスク・マネジメントでいうリスク・コントロールの重要性である。特に本章の後半で指摘されるリスク情報の共有をベースにしたリスク教育の重要性が今後の自然災害リスクのマネジメントにおいては問われなければならない。

　また自然災害リスクに関してはそれが自国に及ぼす損失という狭い視点だけではなく，他国あるいは世界全体に悪影響を及ぼしているという世界に共通する問題でもあり，グローバルな視点での対応も重要である。本章では，ロシアにおける環境リスクの現状と対応問題を，リスク教育，世界にかかわる自然災害リスクという視点から以下の各側面から検討していく。

　具体的には，ロシアにおける近年の災害リスクの特徴とその事例について最初に検討し，その後，自然災害リスクのマネジメントの視点から，ロシアにおける環境リスク・マネジメントの現状とそのメカニズムについて検討し，最後にソフト・コントロール策の1つとして，ロシアにおける安全教育の概要と課題について検討する。

2 近年におけるロシアの災害リスクの特徴と事例

2-1 ロシアの災害リスクの全体的特徴

　ロシアでは，災害はそれをもたらす原因別に4タイプに分けられる。科学技術にかかわる災害，テロ事件，自然災害及び生物学的災害である。発生件数では，ロシア非常事態省の2015年のレポートによれば，科学技術にかかわる災害は全体の70%を占めている。これは，ロシアの市場経済の転換に伴う構造的な問題で資金不足，設備投資不足，設備の整備不良，非効率的構造改革などが原因になっていると考えられる。

　自然災害件数は全体の18%占め，多くないかも知れないが，損害額は全損害額の90%以上を占めている。被害額は莫大な金額になり，専門家によれば，その被害額はロシア国内総生産の2%にまで達しているといわれている。(資料：ロシア新聞，2015年9月7日，「緊急事態担当大臣は，自然災害による被害額を通知」)。

　ロシア緊急事態担当大臣によれば，世界の自然災害リスクと自国のそれとの比較で，次のことを指摘している。すなわち，世界では自然災害の規模は年々拡大し，損害額も急増している。2011年には自然災害の損害額は3800億ドルに達しており，1981-2010年の平年平均損害額750億ドルを大きく上回っている。世界レベルでは，1980年から2014年における自然災害発生件数は，図表6-1にあるように増加傾向にある。特に，暴風，洪水，干ばつなど，異常自然災害の件数が増加しており，地球温暖化の影響もその一因として指摘されている。

図表6-1　1980-2014年における世界の自然災害の数

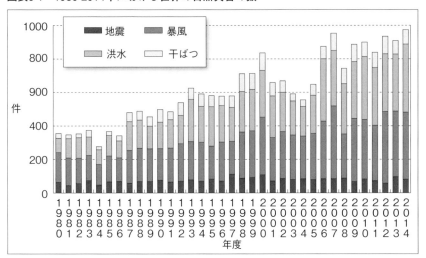

　世界の国々では災害被害の拡大傾向が進むとはいえ、ロシアに起きている災害は他の国と異なる特徴がある。アメリカ、中国では自然災害により死亡した人数は他の災害より3-7倍であり、圧倒的であるが、ロシアでは、災害で亡くなった人々の60％は科学技術災害によるということである。

　国連大学のWorld Risk Report（2011年）では、自然災害の発生可能性の高い地域と自然災害によるダメージを受けやすい地域の2点から、世界の自然災害リスクを公表している（図表6-2，図表6-3）。

　自然災害の発生可能性というのは、1970-2005年の自然災害データを捉え、1年間に地震、嵐、洪水、干ばつに見舞われた発生数である（図表6-1）。

図表6-2 自然災害に遭いやすい国（自然災害の発生可能性）
（被災可能性）

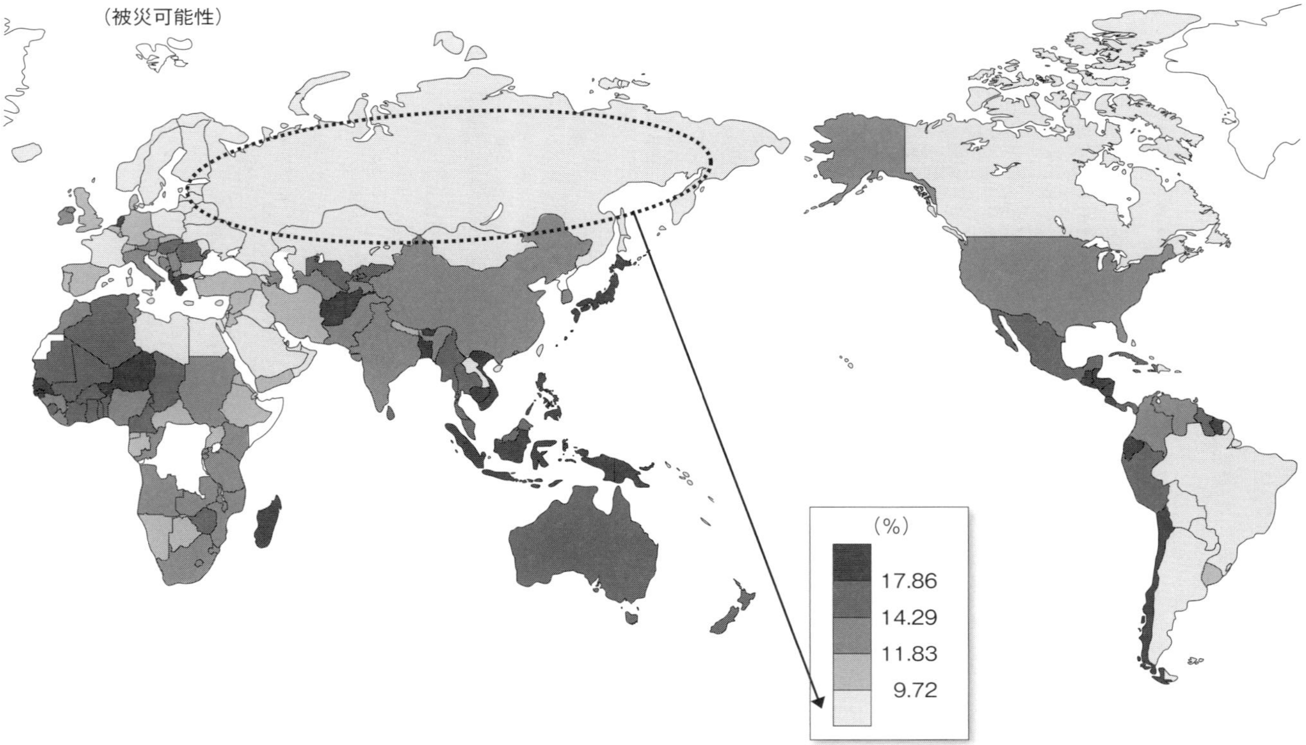

(%)
17.86
14.29
11.83
9.72

出所：国連大学, World Risk Report 2011。

第6章　ロシアにおける環境リスクの現状と対応

図表6-3　自然災害のダメージを受けやすい国（自然災害リスク）

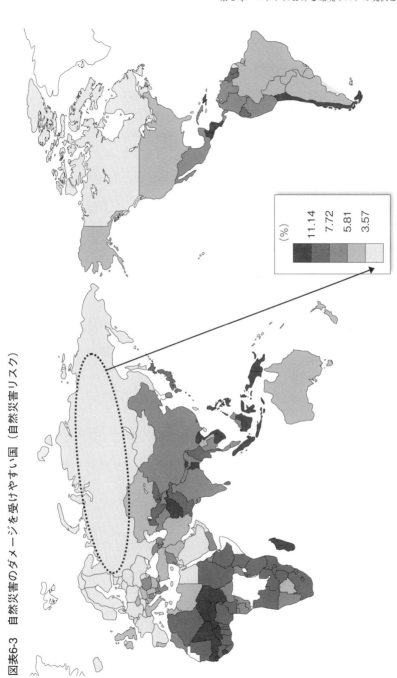

出所：国連大学, World Risk Report 2011。

マクロ的な視点から，図表6-2及び図表6-3を見るとわかるように，ロシによる損失の可能性及び自然災害によるダメージの受けやすさの点で，ロシアは薄いグレー色のゾーンに入っており，低いという評価である。

　自然災害による損失がロシアにおいて低いというのは，一見すると安心なように思えるが，自然災害リスクの発生地域を考慮すると，自然災害リスクによる損失などの面での評価が小さくなっている理由がわかる。つまり，自然災害が多く発生する地域は，西シベリア，中央シベリア，東シベリア，極東地域であり，この地域はいずれも人口が少なく，人口密度は非常に低い地域である（1平方キロメートル当たり2人，日本は347人）。自然災害が発生しても経済活動，人々の生命，生活，財産に与えている影響は最小限にとどまっていると考えられる。そのため，ロシアは自然災害リスクによるダメージを受けるリスクは低レベルとなっている。

　国連大学は2016年8月25日に，全世界171カ国の自然災害リスクの順位を発表している。それを色分けしたのが図表6-4である。濃い黒色の「リスクが非常に高い」から，薄いグレーの「非常に低い」までの5段階に分けられている。調査は，地震，台風，洪水，干ばつ，海面上昇の5つの自然災害に対して，28項目を分析している。

　ロシアは，171カ国中128位であり（日本は17位，中国　85位，アメリカ127位），「リスクが低い」に分類されているが，最近の自然災害の状況を見ると，洪水，森林火災，異常気象により壊滅的な被害に遭っており，被害の規模が年々増加している。(出典：地球の記録—アース・カタストロフ・レビュー，2016年8月27日)。(http://earthreview.net/un-report-about-natural-disasters-risks-for-171-countries/)

第6章　ロシアにおける環境リスクの現状と対応

図表6-4　2016年の世界の自然災害のリスク・レベル

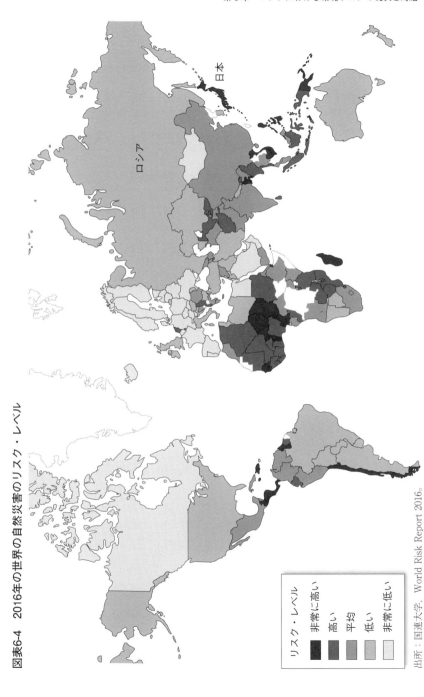

出所：国連大学, World Risk Report 2016。

近年におけるロシア国内の個々の自然災害リスクをミクロ的視点から見ると，ロシア固有の幾つかの自然災害リスクがもたらす損失の増大傾向を見ることができる（図表6-5）。

図表6-5　ロシアにおける自然災害の概要

緊急事態の概要／年	2005	2011	2012	2013	2014	2015
自然災害発生件数	361	322	469	455	368	412
自然災害による非常事態件数，合計	198	65	148	116	44	45
地震，火山噴火	32	4	2	5	0	0
地すべり，崩壊	9	0	1	2	1	0
嵐，ハリケーン，スコール，強い吹雪	12	2	9	6	10	4
激しい雨，激しい降雪，大規模な雹	11	2	12	22	16	11
雪崩	2	0	1	1	1	3
凍結，干ばつ	0	2	18	48	3	16
沿岸海氷の分離	16	13	8	4	2	0
洪水	31	17	21	16	7	4
自然森林火災（地上保護25ヘクタール以上，航空保護200ヘクタール以上）	85	25	77	11	5	7
死亡した人数		2	185	6	11	43
被害者		22419	70816	215947	128233	18114
被害額（100万ルーブル）			3840	72950	6763	7756

出所：「2015年における自然災害と科学技術災害からの国民と領土の保護について」ロシア民間防衛問題・非常事態・自然災害復旧省のレポート，モスクワ，2016年。

ロシアでは自然災害の発生可能性は他国と比べたら低いとはいえ,「ゼロ」ではない。図表6-5は,2005年から2015年の10年間におけるロシアにおける自然災害の発生状況である。

2015年のロシアでは,2015年に自然災害が412回発生している。この数は,2014年の368件と比べ,44件増加で,5年間(2011-15年)の平均件数382件より30件多くなっている。

近年のロシアにおける災害の特徴を指摘すると,

1. 大規模な洪水:春,夏に永久凍土が大部分を占めるシベリアの地域で発生。
2. 森林火災:夏と秋,シベリア森林で発生。
3. 火山活動と地震:東部のカムチャッカ半島で発生。
4. 干ばつ,異常気温,地滑り,風害による被害がある。

自然災害が増加する1つの原因として,地球全体での気温上昇が起き,その中,ロシアの気温は地球全体の気温を上回るスピードで上昇している。1907年から2006年の間,約100年間で地球全体の平均気温は0.75°上昇したというデータがあり,ロシアでは100年間平均気温上昇は地球平均より1.5倍で,1.3°上昇した。気温の上昇をロシアの地域別で見ると,バイカル湖の地域は1.65°,西シベリアは1.5°,アムール州,沿海州は1.29°,中央シベリアは1.18°,ロシアのヨーロッパ地域は1.19°,東北地域は1.09°の上昇で,ほぼロシアの全域で地球温暖化が進んでいるという残念な状況である。(Assessment report on climate change and its consequences in Russian federation. Federal service for hydrometeorology and environmental monitoring (Roshydromet). Moscow, 2008.)

気温上昇による近年のロシアの自然災害の状況を次に検討してみよう。

2-2 近年のロシアの自然災害の状況・事例

2-2-1 洪水

最近,ロシアにおける洪水被害は大きくなっている。アジア防災センターによる災害情報では,ロシアで起きている災害の中で,洪水災害による損害が目

立つようになった。

　洪水は永久凍土が大部分を占める東部シベリア地域で春に起こるが，南部の穀倉地帯でも初夏に洪水が発生することが多い。ロシアでは，洪水の原因は春の雪解けと，夏から秋の大雨の影響である。ロシアのほぼすべての河川で発生している。

　洪水は20世紀はじめにはほぼロシアのヨーロッパ地域寄りで発生したが，最近は，地球温暖化の影響で，洪水被害はシベリア，極東地域に拡大している。一般的には，洪水の危険性は数千の市町村に存在している。ロシアでは洪水危険性のある地域の総面積は平均して5万平方キロメートルといわれているが，1926年から1966年の間における洪水による被災総面積は約15万平方キロメートルに達した。

　最近の洪水による被災事例として次のものがある。

- 2016年9月，北海道や岩手県などに大きな被害を残した台風10号がロシアの極東地方，沿海州に達し，豪雨と洪水に見舞われた。44の自治体では3,500家屋が浸水，1,000人が避難，2万6,000ヘクタールの耕地が浸水した。
- 2016年6月4-10日，ロシアのダゲスタン共和国，北オセチア共和国，チェチェン共和国の非常に広い地域で大雨が発生し，2,700以上の家屋が破壊され，7000人以上が影響を受けた。
- 2014年5月，ロシアのシベリア南部では豪雨により大規模な洪水が発生，25の自治体では，深刻な洪水により4,000棟近い家屋が河川氾濫により浸水し，2万2,545人が避難した。
- 2013年8月，7月末から続くロシアと中国での豪雨によりアムール川では記録的な水位を観測し，土手が決壊，周辺地域が洪水となる。洪水はこの100年で最悪の被害をもたらしており，25の自治体をまたぐ130の居住地域の3万4,000人以上が被災した。
- 2012年7月，ロシア南部で2カ月平均降水量に相当する雨が夜間数時間で降り，洪水，地滑りが発生し，死者数は171人に達し，2万人が被災し，5,000棟の家屋が浸水した。
- 2010年10月にロシア南部のクラスノダールで洪水が発生し，7人が死亡，7人は行方不明となった。

ロシアの非常事態省のレポートでは、2015年にはロシアでは洪水災害件数は39件まで達しており、5年間平均件数24件より倍近く増加し、洪水被害は拡大すると指摘している。

2-2-2　森林火災

毎年ロシアでは1万～3万件の森林火災が発生し、焼失面積は50万～210万ヘクタールに達している。シベリアでは氷や雪に覆われない夏を中心に、ほとんどの場合、野焼きの後、火がおさまらずに広がってしまうのが原因のようである。最も深刻な森林火災は10年間に2～3回発生しており、悪天候の時には自然災害に繋がっていることがある。

最近の森林火災として、以下の災害がある。

- 2016年7月、ロシア中部に広がる異常気象（6月のシベリアで35℃を記録）の影響はシベリアの山火事事情にも影響し、広大な面積の森林が消失している。6月はじめの段階では、ベルギー1国分の面積が消失したとか、1日で100平方キロも火災が広がったなどとも報道されている。
- 2015年4月、ロシア・シベリアで発生した森林火災。26人が死亡し、1,000人近くが病院で手当てを受け、5,000人が影響を受け、4,000人以上が避難した。
- 2010年7月、ロシアの西部で森林火災が起き、ロシア記録史上最悪の熱波により数千ヘクタールの森林が炎上し、54人が死亡、数千人が家屋を失っている。
- 2010年、6月から8月に、ロシア西部を中心に記録的な異常高温が発生し、特に、7月下旬～8月上旬は平年より10℃近く高い気温で推移したことによる熱波で死者数は5万人を超した。熱波が森林火災を生み、2010年7月、数千ヘクタールの森林が炎上、54人が死亡、数千人が家屋を失った。

また、ロシアでは近年、山火事が増加傾向にある。地球温暖化の影響はシベリアのような緯度の高い場所が最も影響を受けていて、その気温上昇のペースは、かつてないものとなっている。

2-2-3　地震

　カムチャッカや千島列島には，火山活動もあり，特にエトロフ島などでは，火山災害の可能性が高い。このエリア内では15の市町村のうち，5つの市町村は火山災害リスクの高いレベル，7つはリスクの非常に高いレベル，3つは壊滅的なリスクのレベルに入っている。カムチャッカの市町村も同様の状況であり，火山までの最短距離は25キロしかない。千島列島では20世紀の間に，56回の火山噴火があり，火山活動はいまも続いている。

　最近の災害は，2008年10月，ロシア南部チェチェン共和国で地震が発生し，少なくとも13人が死亡し，100人以上が負傷した。地震により数百人がテントに避難しており，また5万世帯以上で停電した。

　2007年8月，ロシアのユジノサハリンスクでマグニチュード6.8の地震が起きた。2,000人が家を失い，少なくとも死者1名，負傷者2名と報じられている。2006年4月，ロシア連邦北東部カムチャッカ半島で連続して地震が発生し，数10人が負傷，数百人が避難し，建物に深刻な被害を及ぼした。1995年5月，ロシアのサハリン北部，ネフチェゴルスク地震 が発生し，死者は2,000人に至っている。

2-2-4　干ばつ，異常気温

　2016年6月，ロシア中部に異常な高温と乾燥が発生した。少なくとも，6月の記録としては，観測史上で類を見ないような高温に見舞われている地域があった。2016年7月，ロシア・シベリア地方のサハ共和国の首都ヤクーツクで12日から13日にかけて「雪が降った」ことが報じられた。同時期としては観測史上最も低い気温である。ヤクーツクは，場所的に気温の低い場所であるが，5月から10月は比較的温暖で，7月の日中の平均気温は18.6℃，最高気温が38.4℃という記録も残っている。今まで7月の最低気温の記録が 氷点下 1.5℃であったが，2016年7月に氷点下 2℃という気温や，雪を記録するのは珍しい。

　2010年7月，ロシア南部のアストラハン州では，気温が40度にまで達する日が続き，3,850ヘクタールの穀類，野菜，メロン，じゃがいも，及び飼料用作物などが枯れた。ロシア非常事態省から非常事態地域として指定された。カルムイキア共和国では，2万4,600ヘクタールの範囲で小麦が枯れた。ヴォルゴグラード州では，51万1,600ヘクタールの地域で作物が失われた。ロシア南部のス

第6章　ロシアにおける環境リスクの現状と対応

タブロポリ地域では，1万500ヘクタールの農地の作物が全滅した。被害金額は2,500万ルーブル（約7,000万円）と推定される。ロシアではこのような干ばつは40年以上観測されていない。異常高温の地域は，14の州に広がっていた。

ロシアの近年における自然災害リスクの状況は上記の通りであるが，その特徴をもう一度示すと，次のようになる。

地域的には，永久凍土が大部分を占めるシベリアでは春に洪水が起こる。東部のカムチャッカ半島では火山活動と地震の恐れがある。季節的にみると，夏と秋には森林火災が起こる。その他，干ばつ，異常気温，地滑り，風害による被害がある。

ところで，国際共同意識調査であるISSP調査では，2010年，環境をテーマとして，環境問題を含めてどのような問題に対して各国国民が重要と考えているかの意識調査の国際比較を行った。経済，医療制度，教育，貧困，治安，環境，テロ対策，移民問題の8つの問題について各国の意識を調べた結果，環境問題を上位の重要問題としている国はデンマーク，スウェーデン，ノルウェーといった北欧諸国やスイス，カナダといった自然資源に特徴のある国に限られるようである（図表6-6参照）。

図表6-6が示すように，ロシアは，医療制度，貧困，経済，教育，その次に環境問題を重要としている。つまり，ロシア国民は環境問題を最下位の問題として意識している。上記の災害の例を見ると，ロシアでは自然災害は深刻な問題になっているが，なぜかロシア国民は環境問題を深刻なものとして感じていない。いい換えれば自然災害問題の現実と国民の意識レベルとのギャップが生じている。このことは，自然災害リスクに対するロシア国民の知覚が現実と離れていることを意味している。その原因の多くは災害リスク情報の共有が不十分な点にあると考えられる。

この点に関して，ロシアにおける「非常事態の防止・解消のための国家一体機構（RSES）」が決定した災害リスク管理の優先事項では，下記事項が示されている（ADRCカントリーレポート，WCDRカントリーレポート参照）。

1. 様々な自然災害リスクによる脅威の評価
2. 早期警戒及び予報
3. 自然災害による影響の監視と評価
4. ハザード・マップ作成
5. 建物や他のインフラストラクチャーの耐震性の診断
6. <u>現存の脅威について国民の教育・意識向上</u>，及び災害予防・軽減策
7. すべてのレベルにおいて，防災訓練などの能力強化の実施
8. 研究開発
9. 災害軽減策の調査

　上記9つの事項のうち，自然災害リスクに対するロシア国民の知覚に関する指摘は6番目であり，低い優先順位である。他の事項は主にリスク評価やインフラなどのハード面である。自然災害リスクにより犠牲となる人の意識面の向上は，もっと優先させるべきではないだろうか。2015年10月にFEFU（ロシア連邦極東大学で行われた上田教授の同大学の学生を対象にした講演でも，学生のウラジオストックにおける災害リスクへの認識やリスク知覚は低いという印象を持っている。本稿はこうした点を踏まえ，ロシアにおける自然災害リスク教育の現状や問題点を検討している。

第 6 章 ロシアにおける環境リスクの現状と対応

図表6-6 世界の国民が重視する問題に関する意識調査

	経済	医療制度	教育	貧困	治安	環境	テロ対策	移民問題	この中にはない
日本	58.1	16.7	11.9	4.8	2.5	4.1	0.6	0.5	0.9
チェコ	43.4	27.7	5.7	5.4	8.9	4.8	2.1	1.3	0.9
スペイン	43.1	21.3	15.8	5.7	3.4	3.0	3.5	3.2	0.9
ベルギー	42.4	20.1	4.5	5.6	11.6	7.8	0.3	5.8	1.8
スロベニア	41.3	16.2	2.3	24.3	10.8	2.9	0.3	0.8	1.0
ラトビア	40.4	20.0	8.0	21.2	1.8	1.8	0.7	5.7	0.3
フィンランド	38.5	31.8	3.2	8.2	2.2	7.1	0.0	7.7	1.4
米国	36.6	23.0	19.2	2.7	1.4	4.3	7.9	3.9	1.0
台湾	34.1	16.2	23.1	4.5	11.8	9.0	0.5	0.2	0.6
デンマーク	33.5	19.0	21.1	3.2	3.9	10.5	0.8	7.4	0.7
ニュージーランド	32.2	25.0	14.7	3.6	14.1	8.6	0.1	1.1	0.6
韓国	31.0	8.7	16.5	5.6	29.2	7.7	0.6	0.6	0.1
クロアチア	29.4	21.6	11.5	17.4	16.9	2.0	0.3	0.6	0.3
英国	29.2	27.1	13.4	2.6	6.7	3.3	2.0	15.4	0.2
リトアニア	26.5	12.7	2.4	36.9	9.1	0.9	0.1	11.3	0.2
ドイツ	26.4	22.9	26.8	7.9	3.9	6.5	2.0	3.1	0.2
フランス	25.9	20.4	21.3	14.7	2.1	6.4	1.6	7.0	0.6
カナダ	23.6	42.9	9.3	5.5	1.4	13.4	0.6	2.6	0.7
スロバキア	20.1	26.9	3.8	22.0	20.8	2.4	1.0	1.3	1.5
トルコ	19.6	9.9	12.1	15.0	2.6	1.2	39.0	0.5	0.1
ブルガリア	19.5	24.1	5.9	36.8	9.3	2.1	0.3	1.7	0.2
ロシア	18.2	28.3	7.4	22.6	12.5	5.0	2.7	3.1	0.3
オーストリア	15.4	30.6	13.9	9.2	10.1	7.1	0.2	12.5	0.9
イスラエル	14.4	17.0	33.7	8.4	8.8	3.0	12.2	0.9	1.7
フィリピン	14.2	21.0	33.4	22.2	5.0	2.4	1.0	0.4	0.3
スウェーデン	13.5	32.5	19.7	3.1	10.8	10.5	0.3	8.5	1.0
スイス	10.0	19.9	17.7	7.0	12.9	13.5	0.8	16.2	2.2
ノルウェー	9.4	40.6	17.7	2.6	5.1	15.6	0.8	6.6	1.5
メキシコ	6.8	22.9	25.9	6.5	28.9	4.8	2.6	1.5	0.2
南アフリカ	6.4	19.7	24.7	18.7	24.3	2.6	0.3	2.1	1.1
アルゼンチン	3.4	23.2	30.2	13.9	27.9	0.4	0.5	0.4	0.0
チリ	3.1	36.9	22.4	11.5	23.0	1.5	0.7	0.8	0.2

出所：http://www2.ttcn.ne.jp/honkawa/9600.html

ロシア非常事態省が公表しているデータによると（図表6-7参照），全災害事態件数に占める自然災害の件数は20％もないが，自然災害の被害損失額は4つのリスクの中で最大であり，9割に達し，年々に増加傾向にあることがわかる。しかしながら，前述したロシア人が環境問題をあまり重大視しない傾向がある点については，自然災害リスク・マップを見ると説明ができる。

図表6-7　ロシアにおける各種災害件数及び被害額の推移

	件数		被害額（億ルーブル）		増減率
	2014年	2015年	2014年	2015年	％
科学技術災害	186	179	163.2	6.6	△94％
テロ事件	1	0	0.02	0	△100％
自然災害	44	45	67.3	77.6	14.7％
生物学的災害	31	33	8.7	0.9	△90％
合計	262	257	239.6	85.1	△64.5％

出所：ロシア非常事態省のホームページからのアニュアル・レポート，2016年より。

　ロシアでは，自然災害リスク・レベルのマップが公表されている。リスク・レベルの評価は下記の要因を，地域毎に評価し，国民生活に適合なレベルかどうかにより分析される。「昼と夜の時間帯，放射線レベル，低気温期間（最低気温，－30度以下気温の期間），凍土レベル（溶融氷の深さ），通常気温期間（無霜期間，10度以上の気温期間），湿度，風力，風による冷却，気圧変動（変動幅）など」。

　図表6-8が示しているように，最もリスク・レベルの高い地域はロシアのシベリア，極東地域である。永久凍土が広がり，長い冬の低気温の厳しい地域である。毎年，異常気温，洪水，森林火災などが多く発生している。ただし，この地域では人がほとんど住んでいない。経済活動の難しい地域，開発コストが高いなどの理由により，人々に適合する地域とはなっていない。そういう意味では，自然災害が多く発生しているにもかかわらず，人が住むには向かない不在地域なので，環境問題，環境リスク評価は全体的に他の問題より重要性は低いという結果になっている。ロシア人の7割が集中的に住んでいる地域は，ロシアの西部であり，比較的，自然災害リスクの低い地域である。

図表6-8 自然災害リスク・レベルと生活適合レベルの地域分布

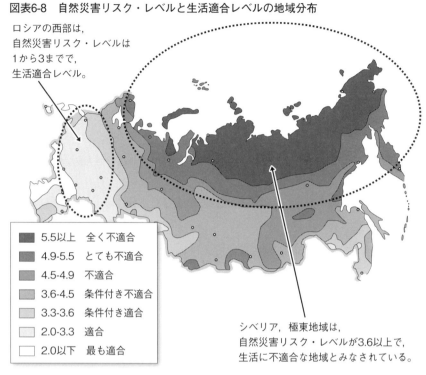

ロシアの西部は，自然災害リスク・レベルは1から3までで，生活適合レベル。

5.5以上　全く不適合
4.9-5.5　とても不適合
4.5-4.9　不適合
3.6-4.5　条件付き不適合
3.3-3.6　条件付き適合
2.0-3.3　適合
2.0以下　最も適合

シベリア，極東地域は，自然災害リスク・レベルが3.6以上で，生活に不適合な地域とみなされている。

出所：The National Atlas of Russia「ロシアの公式国勢地図帳」第3巻，図表51，2008年より。

3 ロシアの災害リスクに対する安全対策

　ロシアの災害リスクに対する安全対策は，ロシアの国家安全保障戦略や社会経済的発展の政府戦略の不可欠な部分である。「現在，ロシアの災害リスク安全対策はどのように実施されているのか，人口や地域はどのように保護されているのか」を評価するには，いくつかの重要な要因に注目する必要がある。

　1992年にロシアでは非常事態予測・自然災害復旧を行うため，「統一国家非常事態制度」が提起された。この制度は，非常事態法に定められた住民及び地域の保護のため，連邦政府レベル，連邦構成主体レベル，地方自治体レベルの行政機関を1つの非常事態対処制度として統一運用する制度である。

ソ連時代には，非常事態対応は国家の指導下で行われていたが，実際の対応は軍の民間防衛部隊によって行われていた。1986年のチェルノブイリ原発事故や1988年のアルメニア大地震での，ほとんどの対応は，ロシア内務省の軍隊，他の軍隊組織により行われた。ソ連崩壊後，1994年に国家非常事態委員会は民間防衛・非常事態・自然災害対処省を形成させ，「自然災害及び人災による非常事態において住民を保護し地域を保全する法律」が採択された。

　「統一国家非常事態制度」は非常事態の監視システム，自然災害の実験分析や予測を行うなど，7,000以上の団体や機関が含まれている。国家非常事態省の中央機構は，直轄部隊として，通信センター，指令センター，空中緊急援助チーム，水中救助活動チーム，各種教育施設等を有している。最新型の機械や設備を使い，自然災害リスクを含めて非常事態を予測し，災害時の復旧を行い，最適制御システムが導入されている。

　地域レベルでは，ロシア全土に8つの非常事態省地域センター，すなわち北西地域センター，中央地域センター，南部地域センター，北カフカス地域センター，沿ボルガ地域センター，ウラル地域センター，シベリア地域センター，極東地域センターが設置されている。各センターには，軍事救難部隊，地域別捜索救助部隊，災害救助部隊，航空基地がある。

　地域レベルの下には，各連邦構成主体の非常事態総局が設置されている。ロシアの全地域の非常事態総局は非常事態を監視，予測する義務を担っている。各非常事態総局は連邦の地域センターと同様に捜索救助部隊と災害救助部隊を持っているが，軍事救難部隊の代わりに消防隊を持っている（図表6-9参照）。

図表6-9 ロシア国家非常事態省の構成

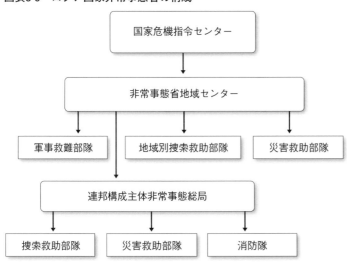

　ロシアでは今までなかった「リスク・マネジメント」という新しい科学分野が形成された。新しい救助技術や救命装備の開発が進められ，水陸両用航空機BE-200 ES，ヘリコプターKa-226，リモートセンシング・システム「ライダー」，建物の状態を診断する措置，個人防災機材，
その他の高度な技術を使用する診断システム，消防機材，装備が開発された。
　ロシアの非常事態対応機関は365日無休でリスク対応義務を担う。最近，20万回以上救助活動を行い，この活動の結果，3年間で森林火災件数は4〜6％減少し，森林火災による死亡者数も3％下がっている。2005年には，11.5万人の救助活動を行い，5.7万人の命を救っている。ロシア全国の統一の緊急用通報の電話回数は3倍も増え，信頼できるような通報システムになってきている。
　ロシアの災害救助部隊は国際的な活動にも参加している。トルコ，アフガニスタン，インドネシア，コロンビアに派遣され，救助活動を行った。2011年，日本の東日本大震災の時，ロシアからはロシア非常事態省の160人規模の救助チームが派遣され，3月14日から19日までの間，宮城県石巻市周辺にて救助活動を行っている。ロシアの救助チームは捜索活動に熱心で，倒壊した家屋に臆することなく入り，時には担当区域を越えて捜索活動を続けた。ロシアの救助

チームは，タンクが壊れ，危険な冷凍用のアンモニア溶液が垂れている状況の中で，危険を冒して手作業での修理を行った。3月19日にロシア非常事態省の航空機によって，毛布1万7,200枚，水3.6トンが成田空港に運ばれ，20日に宮城県に届けられた。

2014年5月にセルビアでの大洪水に対し，災害対応活動に参加した。2014年12月28日にインドネシアのジャワ島東部からシンガポールに向かっていた航空機が消息不明となった時，ロシアの非常事態部隊は捜索活動にも参加した。

逆に，自然災害の多いロシアは，大洪水による被害が発生したシベリア，極東地域，コーカサス地方ではたくさんの国々から被害者の支援，インフラの復旧支援などを受けた。

現在，ロシアでは，自然災害リスクのマネジメント対応では，ロシア連邦政府の行政機関，ロシア連邦を構成する各政府の行政機関，地方自治体の機関及び諸組織の権限は明確にされ，捜索活動，災害予測，災害時対応，災害後復旧などの面で効率的な活動が行われている。

しかし，非常事態対処活動には，資金不足という重要な課題がある。ソ連時代から残っている消防機材や特殊救難機材は旧式であり，かつ不足している状態である。例えば，2010年夏モスクワ州で発生した大規模の森林火災においては，多くの構成主体非常事態総局で消防機材が不足しており，被害拡大の原因となった。

森林火災を消防活動するのには，大量な資金が必要であるが，地方自治体の森林保護隊はいつも資金不足で悩んでいる。ボランティアのレポートによると，シベリアのタイガの，人が入ることが非常に難しい地域であるサハ共和国のヤクーツク郊外で起きた森林火災では，高コストが原因で，サハ共和国全体の火災の4分の1の消火活動がまったく行われなかったという報告がなされた。この理由で，2016年の夏に中央シベリアのクラスノヤルスク地方で起きた森林火災からの煙は数週間にわたってクラスノヤルスク市民を始め，ロシアの西部のヴォルガ州やモスクワまでスモッグに悩まされていた。

グリンピースの分析では，地方自治体の森林火災消防活動には，年間に最低限でも1,000 —1,200億ルーブル（約1,700億円）が必要であるが，2016年の消防活動には中央政府から地方自治体に振り込まれた資金は220億ルーブルしかなかった状況である。

国家非常事態省は2015年までに連邦予算から168億ルーブル（約400億円）の資金を受け取り，消防機材の近代化のため支出されることとなり，2011年から2015年までの5年間で430億ルーブル（約1030億円）の装備更新費用が支出され，消防飛行艇，消防ヘリコプターなどが調達された。

　ロシアは現時点では，経済状況はあまりよくないが，例えば，消防活動に莫大な資金を使うよりは，火災の予防，火災の最初の段階での消防活動の実施により，少ない資金で効率の高い森林火災消防活動ができるのではないか，とグリンピースの専門家がアドバイスをしている。

4 自然災害リスク・マネジメントにおけるソフト・コントロールの重要性

　ロシアにおける自然災害を含む環境リスク・マネジメント問題のメカニズムを示したのが図表6-10である。

　図表6-10の下部にはリスク・コントロール（リスク制御）へのアプローチとして，ハード・コントロールとソフト・コントロールが示されている。双方の効果的なミックスが環境リスクによる損失の最小化に繋がるが，人の想像を超えた甚大な損失をもたらす環境リスクを制御することの困難さを踏まえると，人命最優先の視点からソフト・コントロールの重要性が浮かび上がってくる。

　ソフト・コントロールとは，上田教授によると下記事項を意味している。

- 学校教育ともかかわる防災教育
- リスク情報の共有（観測・監視体制，伝達方法他）
- 避難訓練
- 家庭，地域，企業内での話し合い
- 過去の被災者からのいい伝え
- 地域住民同士，地域と企業や組織間の協力関係の強化

　つまり，ソフト・コントロールとは単にマニュアルやハードな資本に依存（ハード・コントロールへの依存）するのではなく，上記活動を通じての普段の住

図表6-10　ロシアにおける環境リスクマネジメント・メカニズム

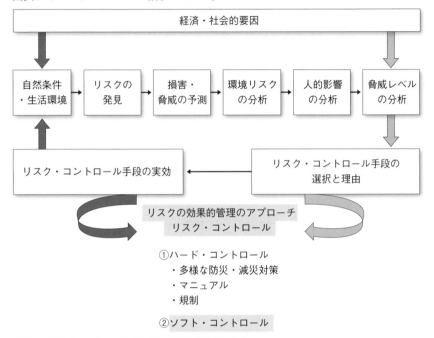

出所：上田和勇，ロシアFEFUにおける講演を参考に作成。

民同士の関係性，信頼感，ネットワークなどの無形資産あるいは社会関係資本の強化をいう。この中に災害リスク情報の共有を含むリスク教育や安全教育が含まれる（上田和勇教授の2015年におけるロシアFEFU（極東国立大学）における講演のレジュメ参照）。

リスク教育とりわけ若年層へのリスク教育が重要な点に関しては，自然災害リスクが国境を超えて生じるという点から見て，いくら強調してもし過ぎることはない。

ここでは2004年のスマトラ島沖地震と2011年の東日本大震災時の事例をもとに，ソフト・コントロール，とりわけ災害リスク教育の重要性を指摘してみよう[1]。

4-1　事例1：2004年12月26日スマトラ島沖地震時の英国の少女の対応

　2004年12月26日午前7時58分頃，スマトラ島西方沖を震源地とするM9.1の大地震が発生した。この大地震及び大津波による死者は28万3,000人以上であり，1900年以降，最大の地震であった。この大地震による大津波の高さは平均，約10メートルで，その津波がおよそ2時間30分後にタイのプーケットに到着した。タイでの死者はプーケット島を中心に，約4,800人であるが，その半数が休暇などを楽しんでいた外国人観光客とされる。津波が発生する前，プーケット島のマイカオ・ビーチには約100人の観光客がいたが，ここでは死者がまったく出なかった。津波が襲った2週間前に学校で津波に関して習った英国の小学生の女の子ティリー・スミスちゃん（10歳）は，津波の前兆を察知し（学校の地理の授業で津波について学び，海水が急に引くと，約10分後にツナミが襲ってくることを教わっていた），母親に知らせ，母親はホテルの従業員と共にビーチにいた観光客にすぐに避難するように告げて回り，緊急に客を退避させたからだ。そして全員がいち早く高台へ向けて避難ができた直後，津波が襲いかかり，惨事を免れた。

　英国のサン紙は彼女に「ビーチの天使」の愛称を与えて，多くの人命を救った"天使の叫び"のいきさつを次のように紹介している。「ティリーちゃんはこの時の様子を次のように語っている。ビーチで遊んでいたら，海の水がおかしな動きをし始めたの。泡が立ったと思ったら，波が全部，突然引いてしまったの，何かが起こると，とっさにわかったわ。そう，学校で勉強して覚えていたツナミが襲ってくると感じたの。そこでお母さんに『ツナミよ，ツナミが来るわ』と叫んで知らせたの」。

　この事例は，英国の10歳の女の子が学校教育で津波について学び，その授業内容が多くの人命を救っている事例である。

4-2　事例2：2011年3月11日の東日本大震災時の釜石東中学校，鵜住居小学校と石巻大川小学校のケース

　3月11日の午後2時36分発生の東日本大震災では，釜石東中学校と鵜住居小学校の生徒たち約600人は地震の揺れが収まる前から，隣接する鵜住居小学校の児童の手を引き避難を開始。事前に決めていた最初の避難先に到着したあとも，遠方の津波の水しぶきや脇の崖が崩れかけているのを見て，その地が十分に安全ではないかも知れないと判断し，さらに高台に小学生や近隣の保育園の園児を誘導し，全員の命が助かる。

　ハザード・マップ上は浸水しないとされていた学校は，3階に自動車が飛び込むほどの津波に襲われた。しかし，群馬大学の片田教授のこれまでの教えである「地震が来たらまず高いところへ逃げること」を実行したしたこと，さらには最初の避難先が危険だと判断し，さらに迅速に高台に逃げたことなど，その場での生徒達の柔軟な対応があったことが全員無事の結果になった点であるといわれている。片田教授の教育ととっさでの柔軟な思考がうまくミックスした。

　しかし石巻の大川小学校では全校生徒108人中，74人が逃げ遅れ悲惨な結果を生んでいる。学校のすぐ裏山には普段，入らないようにという規則があった。そこへ逃げるという意見もあったようであるが，結局，道沿いに逃げている途中で津波にのまれる（数人の子は山へ逃げ助かっている）。大川小学校の柱時計は午後3時39分で止まったままであった。普段から最悪時を想定し，山への避難経路を確保しておくこと，高い場所へ迅速に避難することの重要性の確認などがポイントであり，これらの思考や行動は人の意識にかかわるソフト面である。

　この悲惨な結果に対し，遺族側は大川小学校側の過失を理由に石巻市に損害賠償を求めた訴訟を起こしていたが，2016年10月にその判決が出て，石巻市と宮城県は遺族に総額14億2,658億円の賠償金を払う判決が出ている。

　その判決文のポイントは，「現場にいた教員らには津波襲来の予見ができ認識ができたにもかかわらず，すぐそばの裏山に避難させず児童らを死亡させた過失がある」というものである。この時の教訓をいかし，文科省は2019年度から大学の教職課程の必修科目の中で，安全教育などについて学ばせる方針をと

った。この事例も安全教育の重要性を如実に物語っている。

　ソフト・コントロールの利点として，①大がかりなハード・コントロール策に比べ，経済的，時間的コストが低くてすむ。②ソフト・コントロールの強化は単に防災，減災に役立つだけでなく，地域の犯罪防止さらには地域の活性化，雇用率の向上，医療費の減少にも貢献することが調査結果からもわかっている。こうした諸問題はまさに日本が現在抱えている社会的問題である。社会的関係資本の醸成をベースとするソフト・コントロールが災害リスクのみならず，犯罪，雇用，医療面でのリスクの最小化に貢献するだけでなく，社会の効用，厚生にも貢献しており，この面でのソフト・コントロールの持つ役割は非常に大きい。

5 ロシアにおける安全教育の概要と課題

5-1　概要（体系）

　ロシアでは防災教育制度の必要性は高まっている。1994年にロシア緊急事態省の支援を受けて，青年社会運動「安全教室」という組織ができた。この運動の目的は，自然災害などの緊急時，危険な状況の中で適当なアクションのスキルを受けることである。また，1995年以来，毎年「安全教室」という大会が開かれ，毎年，「青年救助隊」というキャンプが開催される。ロシアの全国の地域から250万人以上の子どもたちが，「青年救助隊」，「青年森林火災消防隊」，「青年水上救命隊」という組織で訓練を受けている。

　2005年には3.9万人の企業の経営者，防災対応担当者は防災訓練，防災教育を受け，全国では様々な形で防災教育を受けた人の数は3,800万人以上である。全ロシアの小中高等学校や専門学校，大学では，1,500万人以上の学生が「人命安全」という科目を受講している。この科目はまだ新しいため，教え方，訓練の仕方などを正しく伝えるために全国の100以上の大学の教授が集まり，研修を受けている。

　2012年，2014年には，ロシア緊急事態省は「安全スクール」という国際大会を開いている。そこでは，多くの子どもたちが参加し，緊急時の対応，消防活

動などのスキルを学ぶと共に，自分たちの能力を披露している。

　現在，ロシア連邦では18士官候補生の寄宿学校，11士官候補学校がある。2013-14年に，ロシア緊急事態省の高等教育の教育機関の3校の消防や救助隊付属学校が新しくでき，2014年9月1日に火災救助隊学校で308士官候補生が在籍していた（内60人は女子）。

　2014年9月1日，ロシアの学校では，ロシアの非常事態省の指導下，4万5,000の教育機関で6万5,000人の専門家が学校の子どもたちのため「生命安全」という授業を受けている。安全教育に関する教科書も全国で統一され，国家の非常事態制度の根本事項に基づいて，個人の生命安全，周りの環境の安全に対して責任を持つような教育プロセスが導入されている。

5-2　課題

　ロシアの教育機関では安全教育としては，「生命安全教育基礎」という科目として1991年から導入されている。小・中学校の1年生から10年生までのクラスで，週1時間，11年生のクラスで週2時間の授業が展開されている。この授業の目的は，非常事態発生時，若者が適切な行動ができるようにスキルを身に付けさせることである。非常事態というのは自然災害，武力紛争，テロ事件，科学技術災害などを含んでいる。生命安全を保護するために，非常に重要な科目であることはいうまでもない。しかし，安全教育の現場においては，次に検討するような問題点が明らかになっている（現場の教員の意見も反映している）。

　図表6-11は小・中学校で使用されている「生命安全教育基礎」の教科書であ

図表6-11　使用されている「生命安全教育基礎」の教科書

る。

10年生用の「生命安全教育基礎」の教科書を見てみよう。

図表6-12はその表紙と目次である。

教科書の総ページは350ページあり，「自然災害，テロが起きた場合の行動のルール」というセクションは22ページから28ページまでで，合計7ページしか書かれていない。

残りのページは民間防衛（civil defense），武力紛争等の緊急事態発生時，市民によって国民の生命及びインフラや公共施設，産業などの財産を守り，速やかな救助，復旧により被害を最小化することを主目的とする諸活動について記載されている。いい換えれば自然災害リスクによる犠牲や損失は，すでに検討したように大きいにも拘らず，それへの評価・対応に関する関心が低いといえる。

図表6-12　10年生用の「生命安全教育基礎」の教科書の表紙と目次

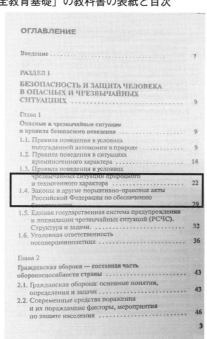

こうした自然災害リスクへの関心の低さは，同時に学校教育レベルにおける安全教育が持つ効果の面でも良い結果が出ていない。例えば，そのことを示すデータとして下記のデータがある。
　ロシアでは「生命安全教育基礎」科目は，すでに指摘したように1991年から全学校に導入されたが，傷害を受けた子どもの人数が増加しているのである（図表6-13参照）。

図表6-13　1995年から2008年までに受傷・中毒を起こした子どもの数

	1995年	2008年
17歳以下10万人の子どもに対して，受傷，中毒を起こした人数	7,029人	11,598人

　安全教育の効果が低い背景として，指導員の専門知識や能力，授業の質，授業の内容，防災訓練の頻度と内容，生徒たちの授業を受ける動機付けなどの面で問題があると思われる。生徒たちの授業を受ける動機付けに関しては，次の状況があり低いものにならざるを得ない点がある。

- 小・中学校を卒業するための卒業テストを受けなければならない。
- 14科目の中から，国語及び数学の2科目を強制的に受験しなければならない。
- 残りの2科目は進路目標に応じて，自由選択をして受験しなければならない。
- 肝心の「生命安全教育基礎」は科目選択リストに含まれていない。その結果，勉強する動機付けが最低レベルにある。

　次に明らかになった問題点は，若者たちにとって安全教育の授業を受けても，授業の実質的な効果がわからないということである。多くの人はこの授業の必要性を認めながらも，実際には真面目に勉強しなくてもいいという気持ちが生徒たちや保護者の間で普通になっている。また，最近まで，学校で安全教育を教えていたのは退役軍人や家庭科の先生などであり，専門の知識はあまりなく，ただ，学校でこの科目を教えているというイメージ作りのことが多かったよう

である。

　11年生は，学校を卒業するために，安全教育という科目より，卒業のためのもっと大切な科目，すなわち，国語，算数，英語などの勉強に多くの時間を割くことが多い。また，授業のスケジュールでは，安全教育の授業は最後の時間になり，生徒たちは他の習い事のために欠席しがちとのことである。生徒達だけでなく，保護者達もこの授業の実質の効果はわかっていないことがほとんどであり，校長宛てに安全教育の代わりに国語，算数の授業の時間割を増やしてほしいという手紙がよく届いているとのことである。もちろん，このような状況は全部の学校にあるわけではないが，多くの教育機関では上記の状況はかなり多いといわれている。(安全教育授業の検討，「教育システムの裏庭にある安全教育授業の問題点について」を参考にしている。A. ミロシニチェンコ，2011，『生命安全基礎』，No.5)

　また，防災訓練の頻度と内容に関しては下記の点で問題がある。

- 訓練は義務ではない。
- 訓練は年に1-2回（6カ月に1回）しかない。
- 訓練回数が少ないため，時間が経つとやるべきことを忘れる。
- 訓練の意識が薄く，訓練に参加する刺激がない（リスクの説明不足による）。
- 訓練参加人数は決められていない。20-30人以上のグループになると，訓練の効果は薄まる（各グループでの訓練を効果的に行い，その後，全員の訓練を行うべきである）。
- 企業，学校での訓練指導者は，それぞれ企業責任者，学校責任者であり，細かい点の知識がない。専門家による指導が望ましい（この点はすでに指摘したように日本でも東日本大震災時の教訓をいかし，文科省は2019年度から大学の教職課程の必修科目の中で，安全教育などについて学ばせる方針をとった）。
- 訓練の際，道具を使わない（火災時の発煙装置や消火器の使用など）ため，効果が低い。
- 防災訓練，避難訓練など，区別をし，各訓練を行うべきである。
- すでに前章で検討した各リスクの特徴，安全行動を理解し（例えば，火災

の際，消火活動するか避難するかなど），各地域の固有の自然災害リスクを特定し，防災訓練を行うべきである。

6 結び

以上，ロシアにおける自然災害リスクの現状と対応そして安全教育の現状と課題について検討した結果，以下の事柄が結論としていえる。

(1) 世界の自然災害発生件数が増加しているが，ロシアでは自然災害は減少傾向が見られる。
(2) ロシアの自然災害は特に，洪水，森林火災，干ばつ，異常気温，地滑り，風害，地震が問題である。
(3) ロシアでは，自然災害の多い地域はシベリアの永久凍土そして北極であるが，この地域は人々がほとんど住んでいない地域であるため，被害額は軽微である。また，大都市周辺での自然災害は少ないため，結果として世界での自然災害リスクのランキングでは，ロシアは世界171カ国中128位と，低いレベルである。
(4) ロシア国民は環境問題をあまり重要だと考えておらず，経済問題を中心として意識している（経済発展レベル関係）。
(5) ロシアの自然災害の件数，死者が少ないにもかかわらず，経済的損害額は増加傾向にある。
(6) 国家レベルでは各地域の自然災害マップを作成し（リスク発見，分析），国民に自然災害リスクを説明（リスク・コントロールの選択，実行），防災対策の実施も見られる。
(7) リスク・コントロールのソフトの部分の必要性すなわち生命安全教育，防災訓練，社会的協力関係強化が必要である。
(8) ロシアの学校安全教育に関しては，生命安全教育基礎の科目が導入されても，効果が薄い。指導員の専門知識レベル，授業の内容，授業の質，実施授業，受ける生徒の動機付けが必要である。
(9) 防災訓練の問題点として，その回数が少ない，リスク説明不足，参加者

の動機の弱さ,不十分な指導,特定リスクを想定しての訓練不足などが挙げられる。
(10) ロシアではハード・コントロールの強化の動きがあるが,ソフト・コントロールの未熟性が残されたままであり,両者のバランスがとれないと自然災害リスクへのリスク・マネジメント効果が低い。

[注記]
1) この検討は,上田和勇(2014)『事例で学ぶリスクマネジメント入門』同文舘出版,pp.47-49による。

【執筆者一覧】

上田和勇（うえだ　かずお）（所員） ……………………………… 第 1 章，編著者
　専修大学商学部教授

杉野文俊（すぎの　ふみとし）（所員） ……………………………… 第 2 章
　専修大学商学部教授

阪本将英（さかもと　まさひで）（所員） …………………………… 第 3 章
　専修大学商学部教授

渡邊 隆彦（わたなべ　たかひこ）（所員） ………………………… 第 4 章
　専修大学商学部准教授

姜　徳洙（かん　とくす）（所員） …………………………………… 第 5 章
　嘉悦大学ビジネス創造学部准教授・専修大学商学部非常勤講師

ヤブロンスカヤ・マリーナ（Marina Yablonskaya）（所員） ……… 第 6 章
　専修大学社会知性開発センター客員研究員

■ アジア・オセアニアにおける災害・経営リスクのマネジメント
■ 発行日──2017年3月31日　初版発行　　　　　　　〈検印省略〉

■ 編著者──上田和勇
■ 発行者──大矢栄一郎
■ 発行所──株式会社　白桃書房
　　　　　〒101-0021　東京都千代田区外神田5-1-15
　　　　　☎03-3836-4781　📠03-3836-9370　振替00100-4-20192
　　　　　http://www.hakutou.co.jp/
■ 印刷・製本──藤原印刷

© Kazuo Ueda 2017 Printed in Japan　ISBN 978-4-561-26691-4 C3334

本書のコピー，スキャン，デジタル化等の無断複製は著作権法上での例外を除き禁じられています。本書を代行業者等の第三者に依頼してスキャンやデジタル化することは，たとえ個人や家庭内の利用であっても著作権法上認められておりません。

|JCOPY|〈㈳出版者著作権管理機構委託出版物〉
本書の無断複写は著作権法上の例外を除き禁じられています。複写される場合は，そのつど事前に，㈳出版者著作権管理機構（電話 03-3513-6969，FAX 03-3513-6979，e-mail：info@jcopy.or.jp）の許諾を得てください。

落丁本・乱丁本はおとりかえいたします。

専修大学商学研究所叢書

上田和勇【編著】
企業経営とリスクマネジメントの新潮流 本体 2,800 円

内野　明【編著】
ビジネスインテリジェンスを育む教育 本体 2,800 円

神原　理【編著】
ソーシャル・ビジネスのティッピング・ポイント 本体 1,905 円

上田和勇【編著】
環境変化とリスクマネジメントの新展開 本体 2,800 円

小林　守【編著】
アジアの投資環境・企業・産業 本体 2,800 円
　―現状と展望

岩尾詠一郎【編著】
情報化社会におけるマーケティング 本体 2,000 円
　―消費者行動とロジスティクスにおけるデータ活用

渡辺達朗【編著】
中国・東南アジアにおける流通・マーケティング革新 本体 2,300 円

鹿住倫世【編著】
アジアにおける産業・企業経営 本体 2,500 円
　―ベトナムを中心として

――――――――――――　東京　白桃書房　神田　――――――――――――
本広告の価格は本体価格です。別途消費税が加算されます。